学術の森の巨人たち

私の編集日記

Yoichi Ikenaga
池永陽一

熊本日日新聞社

はじめに

本書は、２０１０年７月から11年３月にかけて熊本日日新聞夕刊に37回にわたって連載したコラム「ある日 あの人」を中心にまとめたものである。

このコラムは、私が講談社の学術書の編集者として過ごした日々を振り返りながら、編集で出会った著者の先生方との思い出や出来事、また感じたことなどを思いのまま記したものである。

ありがたいことに新聞連載当時から、「読んでいますよ」とか、「もっと読みたいです」など温かい声援を頂いた。また思いがけなくも、文中で触れた著者や関係者の方からご連絡を頂き、直接お目にかかりお話を伺うこともあった。

今回本にまとめるに当たって、新聞のコラムで取り上げたものの他に、忘れられない先生との出会いや思い出を記した８つの文章を加えた。これらもあくまでも私が接した多くの先生方との思い出のごく一部でしかないが、私がどのような関わりをし、どのような思いで学術書の一冊一冊を企画し、出版に到ったかを語った文章である。

学術書の編集者として長年、「学術の森の巨人」ともいえるその道の専門家の先生方の本を作るという仕事は、私にとって誠に刺激的であった。企画の打ち合わせの度に、原稿を読む度に、学問の難しさや大変さ、面白さをたくさん教えて頂いた。そしてまた、先生方とお会いする度にお聞きしたなにげない話や言葉の数々は、その後の私の貴重な財産となった。

でも残念なことに、月日の経過とともに逝ってしまわれた先生もいらっしゃるが、生前に直接お目にかかりいろいろなお話を伺うことが出来たことは、今でも忘れられない思い出である。

学術書の編集という仕事は内容も難しく気を使うことも多かったけれども、大変であればあるほどそれを乗り越えて本が刊行となり、著者の先生方の喜ばれる顔を見たとき、そしてまた、読者から「いい本を出してくれましたね」という声を聞いたとき、編集をやってて本当によかったと、編集者冥利に尽きる気がしたものである。その率直な思いを「学術をポケットに！—学術文庫の心」と「学術編集者の道を歩んで」の2つの文章にまとめてみた。

またこの他に、私が編集者として過ごす中でとくに関心を抱いた「船長森勝衛とロレンス・ヴァン・デル・ポスト」や宮本武蔵の「独行道」、また「徳富蘇峰」についての3つのエッセーを加えた。いずれも学術の編集者でなかったら決して文章にすることもなかったと思うものばかりだが、お読みいただければ幸いである。

目次

学術の森の巨人たち ―― 私の編集日記

Ⅰ　ある日　あの人

祖国への警鐘『日本の禍機』

私は講談社に勤め、長いこと「講談社学術文庫」を手がけてきた。

ことし（2010年）の5月、東京で昭和33年卒の熊大附属中学同窓会があったとき、元銀行員の貴島透君が話しかけてきて、「学術文庫の『日本の禍機《かき》』の編者あとがきに君の名前が載《の》っとったぞ」と言った。池永という名を見てびっくりしたとのことだった。

もう二十数年前になる。編集企画の打ち合わせで東大の由良君美《ゆらきみよし》先生（英文学者・故人）にお会いしたとき、「入来文書《いりき》（日本中世史研究の基本資料）の研究者で世界的な法制史の大家として知られる朝河貫一《あさかわかんいち》という人がいるが、いまではその名も、『日本の禍機』という歴史的な名著があることもほとんど知られていない」と言われた。恥ずかしながら私も朝河なる人の名も、『日本の禍機』という本のことも全然知らなかったので、由良先生から早速本をお借りして読んでみることにした。

朝河貫一は明治6年、福島県の生まれ。安積《あさか》中学、早稲田大学を首席で卒業し、明治28年に渡米、ダートマス大学に留学後、エール大学の歴史学教授となっている。『日露衝突』に続いて、明治42年、日露戦争後の祖国日本の対米、対中国政策などの動きを憂え、「世界に孤立して国運を誤るなかれ」と日本への忠告と批判を試みたのが『日本の禍機』であった。

そこには、歴史学者としての明解な分析と視座のもとに、祖国への熱い思いが格調高く述べられていた。「ここに書かれてあることは時代こそ違えまさに今日の日本への警鐘だ。これはなんとしてでも世に問うべき万人必読の書だ」と思った。由良先生にご相談しながら昭和62年に学術文庫で出版することができた。

初版部数はそう多くはなかったが、幸い識者や読者から「朝河の予見の確かさと祖国愛には学ぶべきものが多い」との高い評価をいただき、二十数年を経たいまもなお読み継がれている。

なかでも貴島君のような中学の同窓生が私が手がけた本の読者であることは予想もしていなかったのでとてもうれしいことだった。近いうちにまた彼と会って、どんな感想を抱いたか聞いてみたいと思っている。

「クローデル」翻訳での縁

二十数年前、私は担当していた学術文庫でポール・クローデルの『朝日の中の黒い鳥』を刊行出来ないかと考えていた。これは大正時代に駐日大使として日本に赴任したフランスの詩人外交官のクローデルが、当時の日本の風土や文化を詩人の素直な眼でとらえた、優れた日本文化論と言われているものである。

ただどこを探してもその訳本を見つけ出すことが出来なかった。まだ訳されていないようなのだ。それなら新訳でいけないかと考え、東大の比較文学比較文化の平川祐弘《すけひろ》先生に「『朝日の中の黒い鳥』を学術文庫で出版したいのですが、どなたかいい訳者はいませんか」とお尋ねした。すると先生は「私の研究室の出身で、クローデルをやっているフランスから帰国したばかりの優秀な若い人がいますよ」と言って内藤高《たかし》さんを推薦してくださった。内藤さんは東大の比較文学比較文化の大学院、フランスのパリ第4大学院を出ておられるとのことであった。

数日後、編集部で初めての打ち合わせの時、内藤さんが冒頭に「私は熊本出身で、高校は池永さんの後輩の済々黌です」と言われた。「済々黌…」突然のことに私はびっくりした。さらに内藤さんのお父さんは、なんと私が済々黌時代に日本史を教えていただいた内藤由之先生とのことだった。

『朝日の中の黒い鳥』の翻訳のご縁で、思いもかけず恩師のご子息である後輩と一緒に仕事が出来るとは、こんな奇遇もあるのかとうれしくなった。と同時に済々黌との縁の深さにあらためて驚いた。

翻訳に当たってはこちらからかなり無理な注文もしたが、先輩の言うことならと快く聞いてもらった。時間はかかったが、とてもいい翻訳が出来上がり、1988年11月に刊行となった。平川先生もいい本が出来たねと褒めて下さった。内藤さんも大役を成し遂げてうれしそうだった。

その後、内藤さんは同志社大学教授を経て、1996年大阪大学の比較文学研究室の主任教授になられたが、残念なことに2008年に急逝された。いまも学術文庫の『朝日の中の黒い鳥』を見ると、初めて編集部でお会いしたときの内藤さんの優しい笑顔が眼に浮かんでくる。

徳富蘇峰の『終戦後日記』

「蘇峰の未刊の原稿があるので、一度見てくれませんか」との徳富敬太郎さん（徳富蘇峰の孫）からの電話を受けて、逗子の桜山の徳富さんの自宅を訪問したのは2004年の暑い夏の日だった。

徳富さんの話によると、蘇峰は終戦後、「百敗院泡沫頑蘇居士《ひゃっぱいいんほうまつがんそこじ》」と戒名を定め謹慎生活に入ったが、早くも敗戦の3日目から昭和の大戦を中心に自分の信条と行動を口述させ、秘書に「頑蘇夢物語《がんそゆめものがたり》」と題して墨で清書させた。ただ時勢もあるのでこれを世に問うのは100年後にしてくれと言われたが、戦後もすでに60年、人々の戦争への関心も蘇峰への関心も薄れてきている。私も年も80代半ば、病身で余命幾ばくもない。なんとか私が生きているうちに「爺《じい》さん」のこの原稿を形に残せないだろうかということだった。

墨で書かれた膨大な原稿の山を前にして、これが言論界の巨人、蘇峰の原稿かと思うと圧倒されるような気がした。

果たしてこの原稿は企画として実現できるのか。そこで編集部で検討させていただくことにして徳富さんの家を辞した。

1週間後、編集部に大きな段ボール箱が届いた。早速原稿に取りかかったが、毛筆で書かれた生原稿を読むのは大変だった。なんせ分量が半端ではない。その上原稿のあちこちに茶色になった新聞記事や、蘇峰の直筆のコメントが幾つも張り付けてある。読もうとしてもなかなか前に進まないのだ。それでも頑張って読み進むうちに、蘇峰の歴史を見る目の大きさ、鋭さに驚いた。これはすごい日記だ、何とか後世に残しておきたいという気持ちが強くなった。

企画会議も同僚の鈴木一守君の応援を得てクリアし、編集作業が始まった。そして2006年7月、単行本で450ページにもなる『終戦後日記―頑蘇夢物語』の第1巻が刊行されたのだった。

新聞や雑誌の書評で何人もの専門家が昭和史の一級史料だと高く評価してくれた。最終巻の第4巻も翌年の夏8月に刊行された。そして、長年の懸案が形になったことを心から喜んでおられた徳富さんは、その最終巻の刊行を見届けて、しばらくして逝ってしまわれた。

漢江の夕日 ― 韓国の出版社社長、崔先生と

時間が出来ると私はときどき一人で韓国の知人や友人たちに会いにソウルへ出かける。その知人の一人に80歳になる出版社社長の崔徳教《チェトックキョウ》先生がおられる。

知り合ってから20年くらいになるが、なぜか年の差を超えて気が合い、いつも日本語で、時にはおぼつかない私のハングルを交えて話が弾む。先生は朝鮮時代の秀吉の朝鮮出兵などについても詳しく、熊本も何度か訪れたことがあるそうで、加藤清正のことなどもこちらが驚くほどよく知っておられる。

また日本の古典にも興味があり、「昔読んだ吉田兼好の『徒然草』をもう一度読みたいので送ってください」と言われたので、学術文庫の『徒然草』をお届けしたこともあるくらいだ。

5年前になるが、その崔先生に初夏の一日をソウル郊外の幸州山城《ヘンチュウサンソン》という城跡に案内していただいた。幸州山城は大河漢江《ハンガン》を眼下に望む小高い山に築かれた城で、豊臣秀吉の朝鮮出兵の時、攻めて来た日本軍に向かって農家の主婦たちまでが前掛けで運んだ石を山城から投げおろして戦った所だという。

その様子を模した巨大なレリーフが山城の入り口に建っている。そこから山城の頂上までかなりの山道が続く。疲れも見せず頂上まで来ると、先生は静かに悲惨な歴史の数々を話し始められた。この山城でそんな激戦が展開されたのかと、私は複雑な気持ちになった。

帰り道、先生は山城の麓《ふもと》の漢江脇の一軒の韓国料理店に入られた。「ここは昔から両班《リャンパン》や文人たちが集い、漢江の夕日を見て楽しんだ所です。池永サン、漢江のウナギはおいしいですよ」と言って、先生はこの店で一番の上席とされる窓辺の席に私を案内して下さった。「山城はいかがでしたか。いずれも遠い昔のことです。さあ、乾杯しましょう」と言って、先生は杯を挙げられた。私も一緒に「乾杯」と言って杯を挙げた。

窓の外に目をやると、今まさに真っ赤な夕日が西の空に落ちようとしている。漢江の川面が赤く照らされてきらきら輝いている。今まで見たこともない荘厳な夕景色だ。赤い夕日に輝く漢江は、遠い昔の両国の不幸な歴史を飲み込み何事もなかったかのようにゆったりと流れていた。

東京裁判をすべて傍聴した元海軍少佐

戦後もすでに65年、戦争を知らない世代が多くなり戦争の記憶は遠い過去のものとなりつつある。それでも私は、日本人なら絶対に忘れてはならないことがあると思う。その一つが戦後の日本の運命を左右した東京裁判である。

終戦から40年を経た昭和60年ごろも東京裁判については、学者や作家等の手によって数多くの優れたドキュメントや解説書が出版されていた。ただ私はそれらを読んでもどこか物足りなさを感じていた。そして私はどうしてあのような裁判が行われ、どうして日本だけが悪いとされたのか納得がいかなかった。

そんな時、私は東京裁判のすべての審理を傍聴し、その記録を「裁きの庭に通い続けて」という私家本にまとめた人がいるということを小堀桂一郎先生から教えて頂いた。すべての審理を傍聴した人がいる？　これは私にとって驚きであった。私は早速その本を取り寄せて読んでみた。そこには開廷から判決までの裁判の全容が冷静な筆致で描かれていた。

私はすぐに著者の冨士信夫さんにお会いしたいと連絡を取った。編集部にお見えになった冨士さんは元海軍少佐、きちんと一礼されると風呂敷から取り出した当時の傍聴券を手に話し始められた。法廷係としての東京裁判とのかかわりから、法廷の様子、裁判の進行状況、裁判の意味、疑問など、まさに傍聴した人でなくては知りえないことを真摯《しんし》にお話しになった。そうだったのか、そういうこともあったのかと、初めて聞く話に私は次第に引き込まれていった。

その後、冨士さんには何度も編集部までお出で頂き、その度ごとに私の知らないこと、疑問に思ったことをお尋ねした。冨士さんは私の質問の一つ一つに丁寧にお答えになった。冨士さんの話を聞いたことで長年抱いていた疑問のいくつかが解決された。そして、それまで遠い過去の出来事であった東京裁判が急に身近に感じられて来た。そこにはまさに忘れてはならない日本の戦後史があった。

そして冨士さんのこの貴重な証言記録「裁きの庭に通い続けて」は、学術文庫で『私の見た東京裁判』と題し昭和63年8月刊行されたのである。

冨士さんは平成17年に逝去された。

シュリーマンの『日本旅行記』

トロイア遺跡の発掘で知られるシュリーマンが、世界旅行の途中に幕末の日本を訪れていたことは案外知られていない。私も若いころ彼の『古代への情熱』という本を読んで、古代史への興味を大いにそそられたものだが、シュリーマンが日本に来ていたなんて思いもよらなかった。

1996年の秋のころ、たまたま歴史学者の木村尚三郎《しょうさぶろう》先生とお話しする機会があった。そのとき先生が、「シュリーマンが幕末の日本を訪れている。その時の旅行記が女性の翻訳で最近、私家本として刊行されていますよ」という話をされた。シュリーマンの「日本旅行記」？　これはぜひ読んでみたいと思った。

私は翻訳者の石井和子さんにお願いして、その私家本「シュリーマン旅行記　清国・日本」を編集部まで送っていただいた。聞くと、元々の原本は子供のころからシュリーマンに憧《あこが》れていた石井さんの息子さんがパリの国立図書館で見付けて母親の石井さんに訳を託されたとのこと。石井さんは還暦を過ぎてからフランスに3年間留学されたそうだが、とにかく翻訳がすばらしい。まさに流麗ともいえる見事な訳文で、シュリーマンの見た興味深い当時の日本の姿が生き生きと活写されている。面白くて一気に読み終えてしまった。

１８６５年６月、清朝末期の中国を旅した後、「心躍る思い」で上海から横浜に上陸したシュリーマンは３カ月ほど日本に滞在した。その間江戸を中心に各地に出向きいろいろな人々と接することで日本社会と日本文化の本質を見抜き、時代の特質を鮮やかに捉えた。なかでも彼は、日本人が勤勉で誠実で清潔であること、さらに工芸品は巧みで皆美しく、日本は平和で、豊かさがあり、完璧《かんぺき》な秩序が保たれているとも書いている。今の日本から考えると本当にそうなのかと思うほど日本を高く評価している。でも、彼には幕末の日本が確かにそんな風に見えたのである。そしてそれは、明治維新のわずか３年前のことなのだ。

石井さんの名訳の『シュリーマン旅行記　清国・日本』は木村先生の解説を付して学術文庫で１９９８年に刊行になったが、この本はわれわれが日本の良さをもう一度見つめなおす格好の書と言えよう。

ドイツで出会った美しい日本語

ドイツの出版事情調査のためフランクフルトを訪れたのは1991年の9月。ホテルで1泊した次の朝、「ゲストがお見えですよ」とのフロントからの電話を受けて1階に降りると、「おはようございます。池永さん」ときれいなドイツ人のお嬢さんがほほ笑みながら日本語で話しかけてきた。この日、出版社を訪ねるためにお願いしていた通訳のアサ・ブテナウさんだった。彼女は「私はハイデルベルク大学の大学院生です。父は以前東大でドイツ文学を教えていたことがあり、母は日本人です」と自己紹介をしてくれた。まるで「東京物語」の原節子を思わせるような上品できれいな日本語である。

じつは前の晩なかなか寝付かれなかったので、部屋のテレビをつけてみた。いくつかのドイツの番組に混じってなんと日本映画をやっていたのだ。よく見ると「東京物語」である。どこかなつかしい昭和の風景と、笠智衆や原節子らの静かな演技と台詞にすっかり引き込まれ見入ってしまった。

この数日、硬いドイツ語の世界にいたせいか、日本語の柔らかい響きが新鮮だった。特に原節子の優しく上品な話し方には魅了されてしまった。そして、日本語はこんなにもきれいな言葉だったんだということにあらためて気付いたのだった。

打ち合わせをしながらアサ・ブテナウさんの柔らかな話し方は、こちらの気持ちまでも優しくしてくれるような気がした。「それにしてもきれいな日本語ですね。誰に教わったのですか」と聞くと、「母からです」と言われた。きっと彼女のお母さんの日本語がそうなんだろう。でもまさかここドイツで、しかも若い美人のお嬢さんがこんなにも美しい日本語を話すなんて思いもしなかった。

もちろんその日の先方の出版社との打ち合わせがうまくいったのは言うまでもない。

アサ・ブテナウさんは次の年、早稲田大学の大学院で日本文学研究のために来日された。我が家にも二、三度遊びに来られたが、いつも優しい笑顔できれいな日本語を話された。大学院を卒業すると結婚してキューバへ行かれたが、その後彼女のように上品できれいな日本語を話す人には出会っていない。

竹山道雄先生と感激の出会い

暑い夏が来ると戦争のことが話題になり、書店には戦争関連の本が並ぶ。私はその中の何冊かを買って読むのを毎年夏の常としているが、今年はその中で竹山道雄の『ビルマの竪琴《たてごと》』が眼《め》にとまった。この本は子供のころから何度も読んだことがあり、家にも持っているのだが、思わずまた買ってしまった。じつはこの本の著者竹山道雄先生に初めてお目にかかった時のことを思い出したからである。

30年近くも前になるが、先生の『歴史的意識について』の出版の件で先生にお願いに行くことになった。私にとって先生の『ビルマの竪琴』は、子供のころから「おーい、水島、一しょに日本に帰ろう！」という台詞とともにその後の私の戦争に対する見方を形作った大切な本の1冊だったので、一度ぜひお会いしたいと思っていた。

ただ先生はドイツ文学者として『若きエルテルの悩み』などの翻訳や、名著『昭和の精神史』などの著作で知られる高名な文明批評家である。

その日は爽《さわ》やかな春の日であったにもかかわらず、いざ先生にお目にかかれるとなると緊張して気持ちが高ぶり、喉《のど》がからからになってしまうほどだった。そして鎌倉の閑静なお宅で初めて先生にお目にかかった時、これがあの『ビルマの竪琴』の竹山先生だと思うと、感激で胸がいっぱいになった。

出版のお願いを快く引き受けてくださった先生は、用件が済むと開け放たれた縁側の椅子に座って『ビルマの竪琴』や世界と日本の文明などについていろいろ話をしてくださった。

時おり先生は何かに思いを馳《は》せるかのように彼方の空の方を見やっては、また話を続けられた。きっと戦争で犠牲になった人々のことを思い浮かべておられたのだろう。その時私は、あらためて先生の強い信念と真摯《しんし》な生き方に感銘を受けたのだった。

そしてまた私は、世間の風潮に流されることなく歴史を正しく見る目を養わなければならないことを教えられたような気がした。

その後、竹山道雄先生の本は講談社学術文庫で『歴史的意識について』をはじめとして、『主役としての近代』『昭和の精神史』など数冊を刊行することが出来た。

ロマンかき立てる『五足の靴』

白秋とともに泊りし天草の大江の宿は伴天連《ばてれん》の宿

この吉井勇の短歌は、私には今も忘れられない短歌である。この短歌を見聞きする度に、私は歴史を秘めた殉教の島天草に思いを馳《は》せ、あの『五足の靴』の5人の詩人たちのことを思い浮かべる。

『五足の靴』は最近岩波文庫でも刊行されたが、私の『五足の靴』とのかかわりは二十数年前、天草で出会った濱名志松《はまなしまつ》氏の『五足の靴と熊本・天草』に始まる。そしてこの本を読んだことで歴史の島、切支丹の島天草へのロマンと夢を大いにかき立てられ、南蛮文学にも触れるきっかけにもなったのだった。

明治40年8月、与謝野鉄幹、北原白秋、太田正雄、吉井勇、平野万里の5人が切支丹史跡を辿《たど》る九州旅行を試みた。その旅の様子を「東京二六新聞」に寄せた旅行記は、今日『五足の靴』として多くの人に知られている。私は、5人の若者たちが切支丹の島天草を何を目的として訪れたのか、そして彼らにとってこの旅とは何であったのかを知りたかった。

　よく読むと、５人が富岡から大江に向かう天草西海岸の難所続きの32キロの道を急ぐ文中に、「K生M生はずんずん先へ行く、目的はパアテルさんを訪《と》うにある」とある。ここには貧しい質素な生活を送りながら布教を続けるパアテル（ガルニエ神父）さんに一刻も早く会いたい、切支丹を知りたいという彼らの熱い思いが伺える。

　この大江でのパアテルさんとの出会いこそが旅の核心をなし、彼らの文学に大きな影響を与えたのだろう。後に白秋は「邪宗門」や「天草雅歌」、杢太郎は「天草組」などの異国情緒的な南蛮文学を生み出したのだ。

　私が家族と一緒にこの『五足の靴』の地天草を再度訪れたのは４年前の夏であった。彼らと違って私たちは車でなんの苦労もなく山道を登り、五足の靴文学遊歩道や高台に建つ大江の天主堂を訪れた。そして吉井勇の短歌とともに彼らとパアテルさんのことに思いを巡らせると、また感慨新たなものがあった。

　その日、天草灘に沈む夕日は、空も海も赤く染め美しく輝いていた。

丸山先生の『小泉八雲新考』

民俗学者で熊本商科大学（現熊本学園大学）の学長であった丸山学先生の名は今も記憶に残る人が多いだろう。その丸山先生が昭和11年に発表された『小泉八雲新考』という本がある。

この本は松江時代に比べて見過ごされていた熊本時代の八雲の人と作品を、実地踏査や発掘した手紙、資料等によって民俗学的視点から鮮やかに浮き彫りにした画期的な作品である。そしてまた本書で忘れてならないのが、当時五高生であった木下順二氏が調査の手伝いをされていたことである。

丸山先生が亡くなられた昭和45年、木下氏が「日本談義」に寄せた「丸山先生のこと」というエッセーに「旧制熊本中学時代、英語を教えてくれたのが丸山先生であったということは、私にとって何か決定的なものだった」とあるように、丸山先生は木下氏に決定的な影響を与えた特別な先生であったようだ。

この『小泉八雲新考』は前から一度読んで見たいと思っていたが、なかなか見つからなかった。そんな時、そうだ、中学時代からの親友の黒田五十六君の奥さんはたしか丸山先生の娘さんだということを思い出した。

そこで熊本に帰省した折、彼の家を訪ねて奥さんにこの本のことを尋ねてみた。すると「その本なら家《うち》にありますよ」と言って、いとも簡単に奥の部屋からその本を取り出してこられた。

本書は熊本に着任してからの八雲の私生活を追い、「石仏」や「東の国から」等の作品の成り立ちを探り、五高における英語教師八雲の日常を明らかにしている。

そしてまた、傑作として知られる短編「停車場にて」が、当時の九州日日新聞の記事を参考にして書かれていることを検証した興味深い論考も収められている。

私は本書を読み返すうちに、著者の八雲研究の着眼点の鋭さ、内容の確かさに驚いた。そしてこの書はもっと多くの人に読んでもらいたいと思い文庫の企画に載せることにした。監修と解説は木下氏にお願いした。木下氏は「丸山先生の『小泉八雲新考』が文庫になるのか！　それはすばらしい」と快く引き受けてくださった。

本書は平成8年に刊行になったが、当時89歳でお元気であった丸山先生の奥様が大変喜んでくださったと聞き、うれしく思った。

研究者シュテファン君のこと

今年の春シュテファン・周一・ハウプト君から葉書《はがき》が届いた。そこには昨年結婚したという沖縄美人の奥さんと写った幸せそうな2人の姿があった。

私が初めてドイツを訪れた時、ベルリンのヒロコ・ハウプトさん一家に招待された。ご主人はベルリン工科大学の生物学の先生である。奥さんのヒロコさんは沖縄の出身で、私どもの学術文庫の大ファンでドイツからしばしば手紙を頂いていた。

そのヒロコさんは、当時高校生の息子のシュテファン君に日本の歴史や文学など日本の素晴らしさをよく話していたそうだ。そのせいか彼は将来は父のような研究者になりたい、日本に行って勉強したいと熱っぽく話をしてくれた。

彼はドイツの大学を卒業するとまもなく来日し、初めは大手の会社の研究所で、次に東大でバイオテクノロジーの研究を始めた。私は様子を見に東大の研究室を訪ねてみた。

ドアを開けると伸び放題の髭《ひげ》つらのシュテファン君がいた。「グウテンタク、こんにちは」と以前と変わらない人なつこい笑顔だ。部屋は実験器具や研究書などでいっぱいである。話によると、彼はこのところ実験、実験で徹夜続きだが、疲れたら床の段ボールに横になるくらいで、今日もほとんど寝てないとのことだった。

私はそんな毎日で身体は大丈夫なのと尋ねてみたが、彼は「ノープロブレム、ドイツでは研究者ならこんなのは当たり前で、1カ月も家に帰らず結果が出るまで泊まり込みで研究を続けたりします。日本に来てから私もそうしています。ただ日本の研究者の中には研究中にもかかわらず夕方になるとまた明日だと家に帰ってしまう人が多いのは不思議議です」と言う。

彼の話を聞いているうちに、私はドイツ人の物の考え方の一面を見たような気がした。ともすれば今日はここまでと考えがちな私たちと違い、目的達成のためには脇目も振らず突き進む彼らの集中力、執着心の強さを感じた。後に小塩節先生に執筆していただいた『ドイツの都市と生活文化』などを読むとまさにそのとおりであった。

彼は日本で数年間研究を続けた後アメリカに行って何年も連絡がなかった。でも彼はまた大好きな日本に帰って来て日本人の娘さんと結婚し、研究を続けている。果たして彼が実験や研究に打ち込んでいるとき、新婚の奥さんの元に帰っているかどうかはまだ聞いていない。

『名ごりの夢』を読む

平凡社の東洋文庫に『名ごりの夢』という本がある。著者の今泉みねは江戸末期、将軍家御典医の桂川甫周《かつらがわほしゅう》の娘として江戸築地に生まれたが、すぐに母親を亡くした。それでもみねは父の甫周の愛情のもとにのびのびと育てられ、明治維新は数え年14歳で迎えた。彼女はその夢のように過ぎた少女時代のなつかしい思い出を80歳を過ぎて家族に語った。本書はそのみねの語り口そのままを文章にしたものであるが、これがじつにすばらしい。まさに珠玉ともいえるみごとな名文となっている。私は初めこの『名ごりの夢』というどこか郷愁を誘う書名に引かれて軽い気持ちで読み始めたが、彼女の語りにすっかり夢中になってしまった。

明治維新という歴史の大変革を前に、「江戸はあんまり太平に酔っていました」とみねが語っているように、江戸の人々は花を愛《め》で、月に浮かれ、遊び、おおむね幸せで平和な毎日を送っていた。あの激動の時代にあって、彼女の周囲にはそんなおだやかな、ゆったりとした時間が確実に流れていた。

築地のみねの父桂川甫周の家は代々蘭学をやっていたので、洋学に志す人たちが多数出入りしていた。その中には成島柳北《なるしまりゅうほく》や福澤諭吉のような若き書生たちの姿もあった。そんな一人ひとりの日常の姿を、みねはまるで昨日のことのように鮮やかに語った。それも彼女の人柄なのか、どの人に対しても向けるみねの眼差《まなざ》しは温かく思いやりに溢《あふ》れている。それがまた上品で優しい語りに表れている。

みねが「父はいかにも情け深い人だった」という優しかった父や桂川の家族を語る時、江戸の町や隅田川の美しさを語る時、ひな祭りや月見の楽しさを語る時、また小耳にはさんだはやり唄のおもしろさを語る時、その話の一つ一つに私たちは華やかな江戸の世界にいつのまにか引き込まれてしまう。「それもこれもまるで夢のようでございますね…」と語るみねの、返らぬ過ぎ去りし日々の思い出は、にぎやかなあとの一抹のさびしさを残しながらもどこまでも美しい。

そしてみねがいつくしむように語った本書『名ごりの夢』は、歴史家でもなしえぬ貴重な維新史として私たちの前に残された。

みねは昭和12年に数えの83歳で亡くなった。

ブリグト先生のウィンク

「フォン・ブリグト先生がお会いしたいと言っておられますから、一度フィンランドに来ませんか」との誘いが、ヘルシンキ在住の翻訳者の牛尾耕一さんからあった。当時、日本でも『ソフィーの世界』などが話題となっており、私たちの文庫でも哲学分野をもっと開拓したいと考えていた時だったので思い切って出かけることにした。

森と泉の国フィンランドのヘルシンキ空港に降り立ったのは1996年の秋、高い青空と澄んだ空気が印象的だった。空港には牛尾さんが迎えに来てくれていた。

ブリグト先生は哲学者ビトゲンシュタインとも親しく、ケンブリッジ大学などで教えたヨーロッパでも高名な哲学者で、ヘルシンキ大学の名誉教授でもある。

今回私たちが進めているブリグト先生の『論理・哲学・言語』は、現代哲学についての概説とその評価を下した哲学入門書で、私にこの本を紹介してくれたのが牛尾さんである。

先生にお会いする前に牛尾さんに連れられて街のコーヒーハウスに行くと新聞記者が待っていた。日本から出版社の編集者がブリグト先生に会いに来たと聞き興味を覚えたらしい。記者からは今回の出版のことや日本での哲学書の読まれ方などいろいろ尋ねられた。

まさかヘルシンキで新聞記者からインタビューを受けるなんて思いもしなかったが、なれない英語でなんとか答えた。翌日の新聞を見ると「日本の編集者がフィンランドにやって来た」との見出しで好意的な記事を載せてくれていた。

インタビューを受けた後、牛尾さんと一緒に先生の家を尋ねた。哲学者なので難しい先生かなと思って緊張しながらドアをノックすると、先生が「ウエルカム、ウエルカム」とにこやかな笑顔で出迎えてくれた。ほっとして通された書斎は天井まで本で埋まっている。

私はお土産に持参した森本覚丹訳のフィンランドの国民的叙事詩『カレワラ』の学術文庫を先生にお渡しした。先生は「オー、『カレワラ』が日本でも！　キートス（ありがとう）」と大変喜んで下さった。そして契約書にサインをしながら「私の本も『カレワラ』のように多くの人が読んでくれたら嬉《うれ》しいですね」とウィンクされた。

そして本書は4年後の2000年7月、学術文庫で『論理分析哲学』の書名で刊行できたが、あの時のブリグト先生のウィンクはなんだったのか、今でもよく分からないままである。

今も新しい木田元先生の『反哲学史』

先月の30日まで日本経済新聞に「私の履歴書」を連載しておられた哲学者の木田元《きだげん》先生は、私の敬愛する先生で今も親しくさせていただいている。哲学者と聞くと、いつも難しそうな顔をして近寄りがたい人物のようなイメージがあるが、木田先生はまるで違う。学者の枠を大きく超えておられる。

今年82歳になられるが、中央大学の名誉教授として、またハイデガーや現象学研究の第一人者として知られる高名な哲学者である。それでいて先生は豪放な性格そのままにいつも明るく接してくださる。先生とお話ししていると、難しい哲学もなんとなく身近に感じられてくるから不思議だ。

それはどこから来るのか。先生の学識や人柄はもちろんだが、一つには先生の若い時の生き方も関係があるような気がする。「私の履歴書」にも書いておられるが、とにかく先生の経歴はあまりにも凄《すさ》まじい。戦後山形に引き揚げた先生は、家族のために闇屋までやりながら毎日十数時間の猛勉強をし、英独仏ラテン語などの外国語は参考書を、初めから終わりまでまるまる1冊を全部暗記してマスターしたとのこと、とても真似《まね》できるものではない。

　また読書が大好きな先生は『猿飛佐助からハイデガーまで』の著書もあるように、大衆小説から哲学書までとにかく厖大《ぼうだい》な数の本を読破しておられる。酒も強く、おまけにカラオケも演歌から最新の若手のものまでなんでもこいなのだ。

　私はこんな先生なら難しい哲学も平易に解説してくださるのではないかと思い、新たに執筆をお願いした。すると先生は、「そうですね。哲学をあまりありがたいものとして崇《あが》めまつるのをやめて、いわば反哲学の立場から哲学を相対化し、その視点から哲学の歴史を見直してみましょう」と言ってフィロソフィアシリーズ第一作として書き下ろしていただいたのが単行本の『反哲学史』である。

　この本は１９９５年に刊行されたが、これまでの哲学史を一新する画期的な本だとの高い評価を受け、現在も学術文庫に収録されて読み継がれている。今回久しぶりに読み返してみたが、少しも古びていない。さすが木田先生だとあらためて感心した。

哲学史を一新した『反哲学史』

「みかんの花咲く丘」を歌う

「みかんの花が咲いている、思い出の道丘の道……」

私は子供の時ラジオから流れるこの歌が好きだった。今でもこの歌を聞くといつも懐かしい気持ちに誘われる。そしてまたこの歌には忘れられぬ特別な思い出がある。

講談社を定年になった後、私は野間教育研究所の所長の任にあったが、2000年から6年間、伊豆の伊東市にある研究所付属の野間幼稚園の園長を兼務した。週に何回か東京から幼稚園に通っていたが、熱海から伊東までの行き帰りの電車の窓からはいつも美しい青い海と緑のみかん畑が見えた。

昭和21年NHKが東京と伊東を結ぶ初めての二元放送を行った。この時音羽ゆりかご会の童謡歌手川田正子《かわだまさこ》が歌ったのがこの「みかんの花咲く丘」だった。戦後の人々の心を慰め元気づけたこの歌は、ここ伊東で生まれたのである。そしてこれを記念して、海を見下ろす伊東の亀石峠にその歌碑が建てられている。

私は幼稚園の若い先生たちにこの歌を知っているかと聞いてみた。先生たちは知っていますと答えてくれたが、特にそれ以上の反応はなかった。園児たちの何人かのお母さんにも聞いてみたが、あまり関心はなさそうだった。私の思い入れとは別にこの歌は過去のものになりつつあるような気がした。この地伊東で生まれた歌なのに、忘れられるのは、それは惜しい、残念だと思った。

園児たちの楽しみの秋の遠足が近づいた。行く先は伊東と反対側の伊豆長岡の淡島マリンパークである。伊東からはバスで山を登り、亀石峠を越えていくことになる。私は職員会議で先生たちに、園児たちと一緒に「みかんの花咲く丘」をバスの中で歌えないかと提案したが、反応はあまりかんばしくなくそれきりになった。

遠足の日、私たちを乗せたバスがみかん畑を縫って亀石峠に差し掛かった。すると突然「みかんの花が咲いている…」の園児たちのかわいい歌声が聞こえてきた。私が東京にいて幼稚園を留守の時、先生たちはこっそりと園児たちに歌を教えていたのだ。私はうれしかった。そして私も久しぶりに大きな声で園児たちと一緒に歌っていた。

あれから何年も過ぎたが、園児たちは今も遠足のとき「みかんの花咲く丘」を歌ったりしているのだろうか。

花立先生と読む「国是三論」

私は学生のころから歴史の変革期に活躍した人物に強い興味と関心があった。その一人に横井小楠《しょうなん》がいる。

文化6年熊本城下の内坪井で生まれた小楠は、時代を超える学殖と見識で坂本龍馬や西郷隆盛などの幕末の志士たちに大きな影響を与え、明治2年京都で凶刃に斃《たお》れるまで明治維新の思想的なバックボーンをなした人物である。

それにもかかわらず小楠は、近代日本の進むべき道を構想した人としてもっと評価されるべき人なのに、意外にその評価はあまり高くない。昭和50年代ごろも小楠を知る人は多くはなかった。それまでにも山崎正董《まさただ》氏、圭室諦成《たまむろたいじょう》氏、松浦玲《れい》氏等の小楠を評価する優れた研究書が出版されているが、私は文庫の形で世に問えば小楠はもっと多くの人に知られ評価も高まるだろうと考えた。

その小楠の著作に「国是三論《こくぜ》」がある。この「国是三論」こそ小楠の学問と思想を集大成した彼の代表作と言われているもので、「富国、強兵、士道」の三論を説く小楠の実学思想を知る上で必読の書である。私はぜひこの「国是三論」を形にしたいと思った。

そこで小楠が熊本の人であるなら、この本の解題はできれば熊本と関係のある人にお願いしたいと考えた。幸いなことに熊本には、徳富蘇峰や小楠の研究家として知られる近代日本史専攻の花立《はなたち》三郎先生がおられるではないか。私は先生に小楠の「国是三論」を解題して頂けないかとお願いした。先生も小楠はぜひまとめたいと思っていましたと言って喜んで引き受けてくださった。

編集に当たっては、「国是三論」の原文に忠実な現代語訳を付し解説をつけることにした。面倒な作業にもかかわらず先生は誠実かつ着実に仕事を進めてくださった。先生の持論である小楠研究には小楠の著作はもちろんだが、小楠の弟子たちの調査、研究が大切であるという論考も加えていただいた。

そして「国是三論」は、井上毅《こわし》や元田永孚《もとだながざね》と交わした小楠の思想の基本とも言える「沼山《しょうざん》対話」や「沼山閑話」等も収録して昭和61年に出版できたのである。

古都ハイデルベルクと熊本

私が初めてドイツの古都ハイデルベルクを訪れたのは20年も前にもなるが、今でもあの美しい街を歩いたことを昨日のことのように思い出す。

悠々と流れるネッカー川に架かるアルテブリュッケ（古い橋）、教会を取り巻く赤瓦の家々、夕日に映える古城、そして哲学の道、そのどれもが美しく調和し私を魅了した。

ハイデルベルクはゲーテやヘルダーリンなど多くの詩人、芸術家が訪れ、19世紀にはロマン派文学の中心地となり、またベルリンと並び抗し、世界の学問と思想をリードした大学都市でもある。

以前からドイツの歴史や文化に関心があった私は、単なる観光案内でなくこのハイデルベルクの街をもっと歴史や文化の面から解説してくれるものはないかと探していた。

その話をドイツ文学の小塩《おしお》節《たかし》先生にしたところ、先生が「それならいい本がありますよ」と言って紹介してくださったのが、生松敬三《いきまつけいぞう》先生の『ハイデルベルク』という本だった。

この本はハイデルベルクの歴史を辿《たど》りながら、この地で活躍した詩人やマックス・ウエーバーなどに光を当ててドイツの学術と精神史を見事に浮き彫りにした本だったが、当時絶版中で容易に手に入らなかった。一読してその内容の素晴らしさに感銘した私は、この本は文庫に収録すれば多くの人にもきっと歓迎されるだろうと考えた。

生松先生は亡くなられていたので、奥様に学術文庫にとお願いしたところ、お役に立てれば幸いですと言ってくださった。解説は小塩節先生が最高のハイデルベルク入門とも言える一文を書いてくださり、１９９２年に刊行できた。

ちょうどそのころ、郷里の熊本市がハイデルベルクと友好都市になるという話を聞いた。熊本とハイデルベルクが結ばれる！　これはすごいことだ。私もこのニュースを聞いて嬉《うれ》しくなった。熊本もやるなと思った。

これを記念して熊本には「ハイデルベルク号」という名の市電が走っているそうだが、まだ一度もその電車には出会ったことがない。今度帰省した折にはぜひハイデルベルク号を楽しみたいと思っている。

熊本城炎上を見た「城下の少年」

先日久しぶりに熊本へ帰省した。どこまでも高い秋の青空に聳《そび》え立つ熊本城を見ると、本当に熊本に帰って来たんだという気になる。そしてこの城がますます好きになっている自分に気付く。いつのまにか熊本城は私の胸に大きな位置を占めていたのだ。

じつは熊本城を仰ぎ見る度に私が思い巡らすことがある。この天下の名城が明治10年の西南戦争で焼け落ちた時、城下の人々は一体どんな気持ちでこれを見たのだろうか。この思いに応えてくれたのが石光《いしみつ》真清《まきよ》の手記『城下の人』である。

初めこの本は昭和33年に龍星閣から刊行されたが、なかなか手に入らず幻の名著として知られていた。昭和53年に文庫として中央公論社から刊行されるとすぐに購入して読んだが、その内容のすごさ、石光の魅力に圧倒された。それ以来何度も読み返しているが、読む度に新たな感動を覚える。この本は日本の近代史を語る上で、とくに明治維新後の熊本城下の変遷が生き生きと語られていて読み物としても面白くじつに興味深い。

明治元年熊本に生まれた石光真清は、神風連、西南戦争に遭遇し、長じて軍人となり、日清戦争に参加し、その後諜報活動に従事するという数奇な一生を送った人である。

石光は幼いころ廃刀令などに反対する神風連の志士とも交流があり、明治10年の西南戦争時は、官軍の谷干城《たにたてき》少将や樺山中佐、児玉少佐などとも出会い、また薩軍の村田新八や城攻めの総大将池上四郎とも話を交わすなど官軍と薩軍の間を飛び廻っている。2月19日の熊本城の炎上は人々と一緒に泣きながら長六橋から眺め、火の海となった城下を人々が逃げ惑う悲惨な様子や、坪井川、井芹川が堰《せ》き止められ困惑する人々の動きなどもこと細かく観察している。また弾丸飛び交う中を熊本城包囲の薩軍の陣地に出入りし兵隊たちとも親しく話を交わすなど西南戦争の知られざる一面も語っている。

平成の今日、西南戦争で焼け落ちたあの熊本城が、天守閣が再建され、櫓《やぐら》や大手門が、そして本丸が元の形に再建されていくのを見たら、石光真清は何と言うだろうか…。

なお石光には『城下の人』に続き、その後の大陸での活躍を語る『曠野の花』や『望郷の歌』『誰のために』の一連の著作があるが、いずれも興味尽きない必読の書である。

日本初の落下傘隊長 ― 堀内海軍大佐

15、6年も前になるが、編集部にお出でになった蘇峰の孫の徳富敬太郎さんから、「池永さん、堀内豊秋《とよあき》さんという人を知っていますか」と突然尋ねられた。

「堀内さん…?」。初めて聞く名前だった。

すると徳富さんは、「堀内さんは、池永さんの済々黌《せいせいこう》の大先輩です。堀内さんは海軍のデンマーク体操の創始者で、太平洋戦争中は日本最初の落下傘部隊の隊長として大戦果を挙げた方です。私も海軍兵学校で堀内さんから教えを受けましたが、部下思いのとても立派な方でした」と教えてくださった。

戦死した叔父が海軍兵学校出身ということもあり、子供のころ父から海軍のことやデンマーク体操や落下傘部隊のことなどを聞いたことはあったが、落下傘隊長が堀内豊秋という熊本の人であることは知らなかった。それからである。徳富さんが下さった上原光晴氏の『堀内海軍大佐の生涯』の本を読み幾つかの資料にあたった。そして堀内大佐のことを知れば知るほど、その人柄と生き方に魅《ひ》かれ、敬意を抱いたのだった。

堀内大佐は明治33年、熊本は飽託郡川上村四方寄《よもぎ》（現熊本市北区四方寄町）に生まれた。生家は旧豊前街道に面した「御馬下《みまげ》の角小屋」と呼ばれる白壁の土蔵造りの家で、昔は大名の休息所にもなったという名家である。

中学済々黌を経て海軍兵学校に進んだ堀内大佐は、卒業後は軍艦勤務等に励みながらデンマーク体操を修得し、また海軍兵学校の教官として親身な指導で多くの生徒に慕われた。さらに我が国初の落下傘部隊の隊長としてセレベス島のメナドに降り立ち、オランダ軍を制圧し髭《ひげ》の司令として現地の人々に親しまれた。しかし敗戦後の昭和23年、部下の不始末の責任を一身に負ってメナドで戦犯として処刑された。

激動の時代を軍人として人として真摯《しんし》に、そして誠実に生きた堀内大佐。徳富さんのご縁で郷土の先輩の堀内大佐という人を知ることが出来たことは衝撃的で、そのあまりにも見事な一生に頭が下がる思いがした。

なお今、一般公開されている「御馬下の角小屋」には、堀内大佐の遺品や資料が展示されている。

「よりかからず」に生きる

先日、金裕鴻《キムユホン》先生を囲む4、5人で集まる会があった。金先生はNHKの元アナウンサーとして、また長年ラジオのハングル講座の講師として活躍された方で、77歳になった今も毎日元気でハングルを教えておられる。金先生とは韓流ブームが話題になる何年も前、私が学術文庫にぜひにとお願いして『ハングル入門』を書いていただいた時からのお付き合いである。

先生はこの日もいつものように「アンニョンハセヨ」と言ってにこやかに話を始められた。先生はハングルはもちろん、韓国の文化や芸術、韓国人のものの考え方など毎回話題が豊富で、いつまで聞いていても飽きることがない。

たまたまこの日、先年亡くなられた詩人茨木のり子さんの詩「よりかからず」の話になった。茨木さんは金先生のハングル教室で学ばれた勉強熱心の優秀な生徒だったそうで、詩集のほかに『ハングルへの旅』などの本も出されている。

「もはやできあいの思想には　よりかかりたくない　もはや……」で始まるこの詩は、茨木のり子さんの代表作とも言うべき作品で、ここには詩人茨木の深い思索から生まれた人としての生きる覚悟が見事に表されている。「もはや…よりかかりたくない」という表現は、さすが詩人だと思わされる素敵な言葉で、最後の1節「よりかかるとすれば　それは椅子の背もたれだけ」という言葉にも我われは疑いなく共感を覚える。私もその一人である。

先生は「この茨木さんの『よりかからず』の詩は日本人なら誰もが共感するとてもすてきな詩だと思います。人に頼らず一人で生きていこうという茨木さんの自立の精神が伺えて、私も大好きな詩です。ただこの詩は韓国人にはなかなか理解できないでしょう。なぜなら韓国人は家族を中心にして皆でお互いに支え合い、よりかかって生きている人たちですから」と笑いながらおっしゃった。

そうなのか。韓国人には、この「よりかからず」という発想はどうもないらしい。金先生の話を聞いた後であらためてこの詩を読み返したが、私はやはり日本人だった。「よりかからず」に生きたいと思った。

ソローの『森の生活』を新訳で

ソローの『森の生活』は、自然に生きることの素晴らしさを説いた先駆的な書として1854年の刊行以来、世界の多くの人々に愛され読み継がれてきた。

アメリカはマサチューセッツ州に生まれたソローは、ハーバード大学で学んだ後、エマーソンの感化を受けて28歳の時、ボストン近郊のコンコードの町に近いウォールデン池のほとりに自ら小屋を建て、2年2カ月ひとり思索の日々を送った。彼は畑を耕し、森の動物や植物へ限りない愛情を注ぎながら、経済とは何かを問い、人生のあるべき姿や精神生活の大切さを考えた。このときの生活体験や思索をもとに著したのがこの『森の生活』である。

この本は日本でも明治以降多くの翻訳がなされているが、私は人々の価値観が大きく変わりつつあるいまの時代だからこそ、最新の知見や研究に裏付けされた新訳で読みたいと考えていた。しかし本書のテーマや内容、また時間の制約などから実現するのはそう簡単にはいかないなと思っていた。

そんなとき、たまたま学会で上京された西南学院大学の英米文学専攻の佐渡谷《さどや》重信《しげのぶ》先生とお会いした。いろんな分野の先生方と直接会って話ができるのは編集者の特権であり、また楽しみでもある。

佐渡谷先生とはそれまでに『アメリカ精神と日本文明』をはじめ何冊か本を出版したこともあり、いつものように文学や芸術のことなどいろいろと話が弾んだ。そして話題がエマーソンからソローに及んだとき、私は「ソローの『森の生活』を新訳で学術文庫で出版したいと思っていますが……」と話をした。すると先生は「私も以前からソローに関心があり、関連の資料や書籍なども集めています。コンコードのウォールデン池も訪れたことがあり、写真も撮って来ました。私が翻訳やりましょうか」とおっしゃった。思いがけない展開であった。

そうなると話は早い。先生はソローの名著を一日も早くと思われたのか、驚くことにわずか半年で素晴らしい翻訳ができあがり、１９９１年に出版となった。あれから20年にもなるが、『森の生活』は今も多くの読者に支持され読まれている。『森の生活』の本を目にするたびにあのときの先生とのやりとりがなつかしく思い出され、そのうち一度ウォールデン池を訪ねてみたいと思っている。

小塩節先生の『私のゲーテ』

先日、中央大学名誉教授の小塩節《おしおたかし》先生から新刊書の『私のゲーテ』が送られてきた。ドイツ文学者として名高い小塩先生はゲーテやトーマス・マン、リルケなどの研究で知られているが、中でもゲーテについては特に関心を寄せておられるようだ。

先生は若い頃ゲーテの詩集を訳されたのをはじめ、NHKのテレビ人間講座では「愛の詩人ゲーテ」の講座を担当され、また私も出席させていただいたが、中央大学での先生の最終講義でもゲーテをテーマにお話しされている。

小塩先生とは長年のお付き合いになるが、先生とお会いすると必ずと言っていいほどゲーテのことが話題になる。私どもの学術文庫でも『ライン川の文化史』や『ドイツ語とドイツ人気質』など、ドイツを色々の面から考察した先生の本を何冊も出させていただいたが、ゲーテについては学術文庫の『ドイツの都市と生活文化』の中でわざわざゲーテの「イタリア紀行」について1章を設けて言及しておられる。先生にとってゲーテは、まさに変わらぬ永遠のテーマであるようだ。

先生がとくに大好きなゲーテの作品の中でも、いつも一番力説されるのが「ファウスト」である。「詩人ゲーテの作品の中で、内容の深さや面白さ、みずみずしい言葉の魅力などドイツ文学の最高峰と言われている『ファウスト』は最高に面白いですよ。ゲーテは詩人としての自然な言葉で途方もなく大きな愛の世界を作り上げています。現状に満足せず神と世界に対して常に自己を主張し、行動の巨人たらんとして悪魔に取り付かれた男がファウスト博士です。そして死してなお真実の愛に生きたのが少女グレートヒェンです。この２人の生き方はまさに愛の詩人ゲーテの言葉そのものです。そしてそこからヨーロッパ的人間の実相も浮かび上がってくるのです」と。

そうか、世界の人を引きつけるあの大作品は、愛の詩人ゲーテの言葉から生まれたのか。私はゲーテをもっと知りたくなった。そして先生にお願いして１９９６年に刊行したのが学術文庫の『ファウスト』である。

このたび先生の新刊『私のゲーテ』を読みながら、明るくみずみずしいゲーテの詩の数々に触れ、久しぶりにいつになく気分が若やいだような気がした。

安藤忠雄先生の木造りの新園舎

この秋文化勲章を受章された世界的建築家の安藤忠雄先生とご縁が出来たのは、私が静岡県の伊東市にある野間自由幼稚園の園長に就任した平成12年の春からである。

野間自由幼稚園は、講談社社長の別荘であった広大な敷地内にあって五十数年の歴史を持つが、私が着任したとき園舎はかなり老朽化していた。そこで新たに新園舎建築のプランが持ち上がり、設計をどなたにお願いしようかということになった。関係者皆で検討を重ね、最終的に安藤忠雄先生にお願いすることになった。

安藤先生と言えば独学で建築を学び「住吉の長屋」や「光の教会」の設計などで名をなし、世界各地の建築賞を幾つも受賞し、今や日本を代表する建築家として世界的に知られている先生である。そしてまた東京大学教授でもある。なんとこんな有名な先生に設計を頼むことになったのだ。

先生が現地視察のため初めて幼稚園に見えた。私たちは緊張して先生を迎えたが、先生は来ると足早に旧園舎と園庭を見廻《みまわ》り、早口の大阪弁で話し始められた。「ここの幼稚園は庭も広くてなかなかええやんか。今度の新園舎は自然を生かした木造りの園舎を造るんや」とおっしゃった。

私たちは、安藤先生が設計された建物はコンクリートの打ちっぱなしが多いから新園舎が灰色のコンクリート造りだったらどうしようと思っていたので、木造りの園舎と聞いてほっとした。

それから毎日は一変した。建築の許可を得るために静岡県の教育委員会や伊東市の関係者の元に何度も出向いた。安藤先生の大阪の事務所にも事あるごとに通い、工事の関係者とは1週おきに打ち合わせが続いた。

先生も工事の進捗《しんちょく》状況を見に幼稚園まで時々お見えになったが、忙しい先生はいつも風のように来てさっと立ち去ってしまわれる。時には先生の発想とこちらの思いと違うこともあり大変な時もあったが、先生は初めての幼稚園園舎の設計ということで特に力を入れて対応してくださった。そして平成16年の春、他に類を見ない広い縁側を持つ木造りの新園舎が完成した。

大変だったけれどもあの安藤先生と間近に接して園舎の建築に携わるという、またとない経験が出来たことは今でも忘れられぬ思い出となった。

熊本洋学校のジェーンズ邸を訪ねて

昨秋帰省した折、水前寺公園へ出かけた。久しぶりに見る成趣園の築山も池の水も以前と変わらず美しかった。

その水前寺公園の一角に近代熊本の歴史を作ったコロニアル風の瀟洒《しょうしゃ》な洋館がある。そう、熊本の人ならだれもが知る熊本洋学校のジェーンズ邸である。

この邸は元は第一高校のある古城にあったが、昭和42年にこの地に移築されて今は重要文化財として熊本市が管理している。

明治4年、熊本洋学校の教師として招かれたアメリカのオハイオ州出身の元陸軍将校のL・L・ジェーンズが、神風連の乱が起きる明治9年までの5年間、この教師館で教鞭《きょうべん》をとったのである。

彼は授業は全て英語で行い、多くの教科を一人で教えたとのことだが、その教育は大変厳しく、ついていけない若者には退校を言い渡したという。また日本で初めて男女共学の教育を行っている。維新後4年を経過したとは言え周囲はまだまだ封建意識が強かった熊本で、よくもこのような時代を先取りした画期的な教育が行われたことにただただ驚くばかりである。

そしてまたジェーンズは、キリスト教の普及にも力を尽くしている。彼に熊本洋学校で教えを受け、感化された生徒の中には、花岡山の熊本バンドの結成で知られる徳富蘇峰を始め、後に同志社大学の総長になった小崎弘道、横井時雄、海老名弾正など多くの優秀な人材が輩出している。

熊本の近代はつくづく面白い。肥後熊本は長州や薩摩などに比べ明治維新には乗り遅れたが歴史をよく見ると、日本の近代国家形成のバックボーンをなした学問と思想に大きな影響を与えてきたことに気付くだろう。

実学思想を説いた横井小楠や言論で時代をリードした蘇峰、また帝国憲法や教育勅語の制定に力を尽くした元田永孚や井上毅など、熊本は古くて新しいものが同時に存在する。それが熊本である。その歴史の一端を担ったのがジェーンズの熊本洋学校であり、洋学校出身者である。

ジェーンズ邸を訪ねて当時の若者たちのことに思いを巡らせると、明治の熊本が近くなったような気がして来るのだった。

読み方教える『本を読む本』

学術文庫に『本を読む本』という本がある。この本の原著は70年前にアドラーとドーレンの共著でアメリカで出版され、以後格好の読書案内として欧米で長年にわたり読み継がれてきた。日本でも1978年にお茶の水女子大学の外山滋比古《とやましげひこ》先生と槇未知子《まきみちこ》さんの共訳で日本ブリタニカから出版された。私も読んだことがあるが、その後絶版となって容易に手に入らなかった。

二十数年前になるが、大学の先生で本にも詳しい学生時代の友人が、こんな企画は考えられないかといって編集部に私を訪ねて来た。

彼は「学術文庫には貴重な本も数多く収録されていてありがたいが、ただ学術というとどうしても硬くて難しいというイメージがある。そこで学生などに学術書の読み方を教えてくれる入門書的な本は考えられないか」と言うのだった。

これを聞いて、私も「前からそう思っていた、今いくつか考えているところで、『本を読む本』などもその候補の一つだ」と答えた。すると彼は、「その本なら自分も参考にしたことがある、学術書などを実際に読むための具体的な方法が説いてあるとてもいい本だ」と言う。
そうか、彼も知っていたのか。この時を機に私も本気でこの本が企画できるか考えてみよう、それにはまず現物を探すのが先決だと図書館や古書店などを当たってみたが、なかなか見つからなかった。これは時間がかかるぞと思っていた時、たまたま別件で立ち寄った神田の古書店になんとその本があったのだ。

私はあらためてじっくりと読んでみた。そしてこれまでの私の本の読み方がいかに不十分であったかを痛感したのだった。この『本を読む本』は書名の通り、「真に読むに値する本を知的に実際的に読む意味と技術を具体的に解説した読書案内」で、この本なら読者にもきっと役立つに違いないと思った。

外山先生に文庫に収録させて頂きたいとお願いすると、「願ってもないことです。読書にとても参考になる本ですよ」との返事を頂き、1997年に刊行できた。

この『本を読む本』は最近、評論家勝《かつ》間《ま》和《かず》代《よ》さんの「私の推薦する必読の本」の一冊にも選ばれ、今また新たな読者の支持を得て読まれている。

池部良の粋と悲哀

昨年11月に亡くなった俳優池部良《いけべりょう》の追悼映画「昭和残侠伝」が上映されると聞き、昨年暮れの押し迫った1日池袋まで出かけた。

「義理と人情をはかりにかけりゃ　義理が重たい男の世界……」

ご存知「唐獅子牡丹」の歌をバックに、高倉健扮する花田秀次郎と、池部良扮する風間重吉がドスを片手に死を覚悟で殴り込みに出かける場面になると、これまでに何度も見ているのに思わず引き込まれてしまう。さすがである。花田秀次郎もいいが風間重吉の粋な着流しの姿が実に素晴らしい。

その風間重吉は、いや池部良は映画俳優であると同時に優れたエッセイストであった。彼は初め東宝の文芸部に入ったが、途中で俳優に転向し、復員後「青い山脈」や「雪国」などで人気を博し昭和の国民的な大スターとなった。その後高倉健の「昭和残侠伝」に脇役風間重吉の役で出演し新たな人気を得た。

私にはそのはまり役風間重吉に、江戸っ子池部良の明るくいなせな男の粋と、酷な戦争を生き抜いた強い男の悲哀が重なっているように見える。

彼のエッセーもそうだ。文章の一つ一つに風間重吉に見ると同じような粋と悲哀を色濃く感じるのだ。エッセーのテーマは当然のことながら映画の世界を題材にしたものが多いが、それだけでなく市井の人々の日常や戦争を背景にしたものも、粋でおしゃれでなかなか興味深く読ませてくれる。

しかし文章のどこかに陰の部分がある。それがまた彼のエッセーの魅力の一つにもなっている。

池部には『窓を開けると』や『心残りは…』などいくつもの優れた作品があるが、とても俳優業の片手間にやれるものではない。画家の池部鈞《ひとし》を父に持ち、岡本太郎が従兄の彼はもともと大変な文才の持ち主で、平成3年には『そよ風ときにはつむじ風』で日本文芸大賞を得ているほどである。

風間重吉の余韻に浸りながら映画館を出て歩みかけたら、忙しそうに師走の街を行き交う人々の姿に一気に現実の世界に引き戻された。

若者の支持得た『韓国N世代白書』

10年も前になるが、NHKテレビのハングル講座に韓国の映画や音楽を紹介する「ライブ・オン・コリア」のコーナーがあった。「ヨロブン、アンニョンハセヨ。キム・サンミイムニダ」と笑顔で明るく語りかける金相美《キムサンミ》さんを見るのが毎週楽しみだった。

その金相美さんがある日突然、私の前に現れることになった。当時私は何人かの韓国からの留学生たちと交流があり、その一人の大学院生の李君がある時「金相美って知ってますか」と私に尋ねた。「知ってるよ。ハングル講座で『ライブ・オン・コリア』の司会をしているきれいな人だよね」と答えた。

すると彼は「その金相美は私の留学仲間です。彼女は今度日本で本を出すことになったので、一度会っていただけませんか」と言う。えっ、あの金相美さんと!

1週間後、約束した新大久保の韓国料理店へ出かけると、「アンニョンハセヨ」と金相美さんがテレビと同じ笑顔で明るく迎えてくれた。話を聞くと、彼女は韓国の梨花女子大を卒業してアメリカのUCLAに留学後来日し、いま東大の大学院で社会情報学の勉強をしている、今度頼まれて初めて日本語でエッセーを書くことになったので、原稿の書き方や出版のことなどを教えてほしい、とのことだった。

そこで私は金さんに、貴女の体験をもとに日本と韓国の若い世代のことをメーンに自由に書いてみたらとアドバイスした。そして1カ月後、原稿が少しずつメールで送られてくるようになった。

彼女は日本語の文章も上手で、自分の生まれから家族のこと、韓国や日本の若者のこと、最新の韓国の映画や音楽のこと、そして日本への思いなどが率直に書かれていた。そこには今後の日韓関係は私たち若い世代が築いていくのだという彼女の強いメッセージが込められていた。これを見て、私はいい本になりそうだと思った。送られてきた原稿はその都度気付いたことを書いて戻した。

そして彼女の本は2002年、トラベルジャーナル社から『韓国N世代白書』という書名で刊行された。N世代とは若いネット世代を指すように、日本でも多くの若者の支持を得た。そしていま彼女は名古屋大学の准教授として学生たちの指導に当たっている。

忘れられぬ八雲の名作「停車場にて」

熊本を舞台にした小泉八雲の作品には「石仏」「夏の日の夢」「停車場にて」など幾つかあるが、私はこれらの作品には他の作品と違う懐かしさと親しみを覚える。

そのなかでも特に身近に感じるのが、上熊本駅が舞台の「停車場にて」である。小学校から高校を卒業するまで毎日のようにこの駅前を通り、また家族や友達と遊びや旅行に出かける時など、いつも出発地はこの上熊本駅であった。

「怪談」の作者の八雲が五高の英語教師として熊本に来たことや、彼に「知られぬ日本の面影」や「東の国から」などの優れた作品があることは子供の頃から知ってはいたが、ほとんどが未読のままだった。それが平川先生編の「八雲名作選集」の編集の際、彼に上熊本駅が舞台の作品があることを知った時は驚きだった。

「停車場にて」は実際にあった殺人事件を報じた新聞記事を基に書かれた作品である。熊本で警官を殺して福岡に逃げていた犯人が捕らえられ、福岡から池田駅（上熊本駅）に護送されて、殺害された遺族の親子と駅頭で顔を合わせる。

護送してきた警官が、母親におんぶされた幼い子供に向かって「この犯人の顔をよく見ておけ、こいつがお前のお父さんを殺したんだ。見るのはつらいだろうが、これも坊やの務めだ」と言う。子供は犯人を見つめて泣き出し、母親も涙を浮かべる。

これに対し犯人は、「悪いのは私です。怖くてやってしまったのです。許して下さい」と泣きじゃくる。この様子を見ていた群集は、怒るどころかすすり泣き始め、警官の眼《め》にも光るものがあった。

思いがけない展開に八雲は驚き、そこに西洋人とは異なる日本人の感性を見たのだった。

八雲のこの名作「停車場にて」を読んで私の気持ちも動いた。その時からこれまでの上熊本駅についての見方が変わった。折に触れ歴史ある駅舎に立ち寄り、事件当時の駅の様子を思い浮かべたりもした。

歴史の流れとはいえあのなつかしい木造駅舎は今はもうない。ただ護送されて来た犯人と親子が顔を合わせた池田駅は八雲の名作のなかに生きている。

平川先生のダンテ「神曲」に挑戦

本の好きな人なら誰でもイタリア文学の最高傑作と言われるダンテの「神曲」の名を聞いたことがあるだろう。私もこれまでに「神曲」に何度も挑戦したが、話の内容が難しいのか、読んでもなかなか理解できず、いつも途中で挫折していた。

それが2008年、平川祐弘訳の「神曲」が河出書房から文庫版3冊で刊行された。平川先生といえば世界的な視野で内外の文学や歴史、文化を対象に、喜寿を過ぎた今もなお比較文化、比較文学の大家として旺盛な研究、執筆活動を続けておられる。

私も学術文庫を担当していたころ、先生には『西欧の衝撃と日本』をはじめ『夏目漱石』や訳下ろしの「八雲選集」全6巻など数多くの作品を刊行させていただいていたので、ダンテの「神曲」のことは何度かお聞きしていた。ただその時は先生の「神曲」もきっと難しいだろうと思い、読むまでにはいかなかった。しかし今回、新たに文庫版で「神曲」が出たと聞き、思い切って読むことにした。

ダンテの「神曲」は、道に迷ったダンテが森の中で詩人ウェルギリウスと会い、彼に案内されて死後、永遠に罰を受ける罪人や亡者たちの地獄に下りて彷徨《さまよ》い、そして死者たちがその罪を償い悔悛《かいしゅん》に目覚めるという煉獄《れんごく》の山に登り、最後に永遠の淑女ベアトリーチェに導かれて天国へ昇りつめるという壮大な叙事詩である。

平川訳の「神曲」は流麗かつ平易な訳で、その上、懇切丁寧な注釈が数多く施されている。さらにドレの挿絵が多数入っていることもあり、読みやすく、これまでと違い途中で挫折することはなかった。それでも話の展開は複雑で、読み終えるのに10日以上もかかったが、とにかく長年の懸案であったダンテの「神曲」を読み終えることができた。

嬉《うれ》しくなって平川先生にダンテの「神曲」を読みましたとお手紙を差し上げたら、「私の今までの研究と講義を基にした新刊の『ダンテ神曲講義』も読んでください」というお返事を頂いた。

今、その『神曲講義』に挑戦し始めたが、どうも私の「神曲」の読みでは読んだとは言えないようで、今またあらためて読み直すという課題が科せられた気がしている。

毅然とした親に畏敬の念

２００1年の1月、山手線の新大久保駅で線路に落ちた男性を救おうとして線路に飛びおりた韓国人留学生の李秀賢《イスヒョン》さんとカメラマンの関根史郎さんが、電車に撥《は》ねられて亡くなった。

事故後この二人の勇気ある行動は美談として日韓両国で大きく報道され、人々に大きな感動をもたらした。なかでも留学生李さんの行動に多くの日本人が、「韓国人がまさか身を投げうってまで……！」とその勇気をたたえた。日本と韓国のマスコミも「とても勇気ある行為です」「どうすれば、あのような青年に育つのですか」と李さんの行為をたたえ、両親を褒《ほ》めそやした。

しかし両親は「息子はやるべきことをやっただけです」と言葉少なに語るだけだった。私もこの事故を聞いた時、感動しながらもあまりの痛ましさに言葉もなかった。とくに最愛の息子を異国で失うという悲劇にも、毅然とした態度でこれに耐える気丈な両親の姿に胸が痛み、畏敬の念さえ抱いた。

ただこの事故は、それまでの日本人の韓国人に対する嫌韓、反韓の感情を一変させ、韓国人の反日感情をも和らげることになった。

そして今年の1月26日、李さんを偲ぶ会出席のため両親が来日された。この10年は二人にはどんなにかつらい日々だったことだろう。でも父の李盛大《イソンデ》さんは、「日韓の懸け橋になりたいと言っていた息子のために奨学金事業を立ち上げ、日本に学ぶ留学生を支援していきたい」と淡々と挨拶《あいさつ》されたという。

凄《すご》い。こんな両親だからこそ李秀賢さんのような青年が育ったのだ。

事故のあった新大久保駅を通る度に、李さん親子の勇気ある毅然とした生き方にいつも頭が下がる思いがする。

でも、「人に褒められなくても、出来が悪くて親に心配ばかりかける子供でも、死ぬよりも生きていた方がいい」という韓国のこと、きっと李さんの両親も内心はこの気持ちでいっぱいではないだろうか。

西南の役―事は我が郷里に関す

今年に入ってカラカラ天気が続いていた東京だが、2月14日の夕方から突然の大雪に見舞われた。翌15日の朝、降り積もる雪を見て、日本中を震撼《しんかん》させたあの戦いのことが私の胸をよぎった。

130余年前の明治10年2月15日、その日は薩摩では50年来稀《まれ》という7、8寸も積もった大雪の中を薩摩の第1隊が鹿児島を発ち熊本へ向かった、まさに西南の役が勃発した日なのだ。この戦《いくさ》については徳富蘇峰が厖大《ぼうだい》な資料を駆使して完成させた『近世日本国民史―西南の役』全7巻に詳しいが、中でもその5巻の「熊本城攻守篇」の冒頭に記した蘇峰の文章は特に印象深い。彼は「昭和二十年六月初五、富士山麓、山中湖畔に於いて、熊本城攻守篇を稿し始む著者は、肥後の産、事は我が郷里に関す、当時年齢《よわい》十五の一少年は、両軍の勝敗に心をうごかした」とわざわざ記述している。

これを読むと、蘇峰が郷里熊本を相当に意識してこの5巻と続く6巻の「西南役両面戦闘篇」を書いたことが伺える。

蘇峰の筆はさえる。5巻の「熊本城攻守篇」では、薩軍の眼中には熊本城はなく、「鎧袖一触《がいしゅういっしょく》、これを蹴破《しゅうは》すべし」と2月22日熊本城鎮台を包囲し攻撃を開始した薩軍だったが、19日の熊本城焼失が「此の火災に遇ふて士気はかへって振起奮励」した谷干城率いる熊本城の守りは固く城は落ちず、戦線は植木から木葉、高瀬へと展開していく。

続く6巻の「西南役両面戦闘編」では、その勝敗が戦いの分かれ目となった田原坂の戦闘は、薩軍、官軍の死者1万3千を超える、まさに西南の役最大の激戦となったが、衆寡《しゅうか》敵せず、この戦いに敗北した薩軍は木山、人吉へと転戦し、敗走を強いられていく。

近代化に向かう明治日本の歴史に翻弄《ほんろう》され犠牲となった両軍の将兵に思いを馳《は》せながらこの2巻を読むと、歴史の舞台が我が郷里熊本であるだけに、西南の役は、熊本人として決して他人事でない身近な歴史そのものであることに気付かされる。

15日の雪はあらためて西南の役を思い起こさせたが、残念ながら春の雪は感傷にひたる間もなく昼過ぎには儚《はかな》く溶けてしまった。

西郷の魅力あふれる「南洲遺訓」

先日、西南の役を調べるにあたり久しぶりに岩波文庫の『西郷南洲遺訓』という小冊子に眼《め》を通してみた。そして、あらためて西郷隆盛の大きさを感じた。

幕末、官軍に最後まで抵抗した旧庄内藩だったが、西郷の寛大な処置によりその罪を許されたことに恩義を感じた藩士たちが、維新後、薩摩の西郷を訪ねている。この『西郷南洲遺訓』は、その旧庄内藩の藩士たちが、西郷から直接教えを受けた講話を基に、彼の政治や学問についての考え方や人の道など53則を遺訓としてまとめたものである。

いずれも傾聴に値する遺訓だが、その中でも「天を敬するを目的とす。我を愛する心を以て人を愛する也」という「敬天愛人」や、「人を相手にせず、天を相手にせよ」という教えや、「命もいらず、名もいらず、官位も金もいらぬ人は、仕末に困るもの也」などは広く一般にも知られている。

西郷と言えば熊本側から見ればにっくき薩摩の総大将であるはずだが、「南洲遺訓」を見ても分かるように、彼を知れば知るほどその人物といい、見識といい、誠に敬服に値する魅力あふれる大人物である。それだからこそ薩摩の若者はもちろん庄内藩の藩士にも慕われ、西南の役では熊本の池辺吉十郎や佐々友房などが西郷のもとに馳《は》せ参じたのであろう。

私もそんな西郷に惹《ひ》かれる一人であるが、彼が熊本とは浅からぬ縁があることを知ってから薩摩の西郷はさらに身近な人物となった。じつは西郷の先祖は南朝の忠臣菊池氏の後裔《こうえい》で、1700年頃まで熊本の菊池に住していたが、西郷九兵衛の代に島津氏の家臣となっている。したがって隆盛はその末裔にあたる。

歴史に〝もしも〟はないけれども、もしも西郷が西南の役に立たず、大久保利通《としみち》や木戸孝允《たかよし》とともに明治の三傑の一人として明治日本をリードしていたならば、歴史はもっと大きく違ったかもしれない。

「南洲遺訓」を読み、いま西郷のような人物がいないことが悔やまれてならない。

さても寒き春ニて御座候

早春賦の歌にも「春は名のみの、風の寒さや…」とあるように、雛祭《ひな》りを過ぎたとはいえ、このところ肌寒い日が続いている。こんな季節、人々はどんな気持ちで毎日を過ごしているのだろうか、ちょっと尋ねてみたくなる。

そんな春先になると、私はいつも『みだれ髪の系譜』や『明治維新と日本人』などの出版でお世話になった芳賀徹先生の名著『与謝蕪村の小さな世界』の本を読み返すことが多い。そして二百余年前の江戸の俳人、与謝蕪村のあの手紙の一節がまた新鮮な感じで胸に迫ってくる。

蕪村は62歳のとき、俳人としてまた新たな詩の世界を開いたという自身の「春風馬堤曲《しゅんぷうばていきょく》」を含む一門の新春句帖『夜半楽《やはんらく》』を編み、門弟たちに送った。そのときの句帖に添えた手紙があるが、その書き出しがじつにすばらしい。

さても寒き春ニて御座候。いかが御暮被成候《おくらしなされや》。御《おん》ゆかしく奉存候《ぞんじたてまつり》。しかれば春興小冊、漸《ようやく》出版に付、早速御めにかけ申候。外へも…

この文章は短いながらも季節感にあふれ、必要にして十分、リズム感もあり、しかも先方に対する細やかな気配りが心憎いばかりである。そこには俳人ならではの風流にして見事な日常の生活がうかがえる見事な文章である。さすが蕪村である。

こんな手紙を貰《もら》った門弟たちはどんなにかうれしく、ありがたく思ったことだろう。と同時に門弟たちは、果たしてどんな文でお礼の手紙を書いたらいいのかきっと悩んだに違いない。彼らの手紙を覗《のぞ》いてみたい気もする。

最近はメールなどで日常の用件を済ますことが多く、手紙を書くということは本当に少なくなった。でも、この蕪村の「さても寒き春ニて……」というすばらしい書き出しの手紙を見ていると、私も蕪村に倣いご無沙汰《ぶさた》している人たちに久しぶりに手紙を書いてみたくなった。

俳句 ― 四合目からの出発

今年の春はいつまでも寒く、大量の雪が降ったせいか東京から見る富士山は山頂から4合目辺りまで全山雪で覆われ神々しいばかりである。その富士山の美しさに魅了され、誰もが一度はこの山に登りたいという気になるだろう。でも、いざ富士山に登ろうとすると、その大変さに気付くのだ。

俳句の道もまさに富士登山と一緒で、初心者が辿《たど》る俳句の道も麓から3合目あたりまではなんとかなるが、頂上を目指してさらに4合目まで登ろうとすると、誰もが皆同じような難しい問題にぶつかることになる。

そんな俳句の難しさとおもしろさを教えてくれたのが、阿部宵人《あべしょうじん》の『俳句 ― 四合目からの出発』という本だ。その独創性で専門家にも高く評価されているが、数多い俳句の本の中で私が知る限り、俳句をこれほど痛快に語り尽くしたものは他に類を見ない。

著者の阿部宵人は初心者の俳句15万句を取り上げて総点検し、そこに初心者が共通して陥る紋切り方ともいうべき決まり文句を拾い出した。そして、これらの紋切り方表現と手を切れば俳句の道も「4合目」にたどり着き、そこから山頂に向けて登り始めることが出来ると説く。言われてみるとあまりにも思い当たることばかりで、さすがだと感心させられる。

阿部宵人は言う。星は「またたき」、梅は「一輪」、カンナはいつも赤く「燃え」、1つ残った柿は必ず「夕日」に照らされている ― 誰でも初めて俳句に手を染めると必ず出てくるのがこうした決まり文句である。

ここで指摘されている初心者が陥る欠陥こそが、あまりにも日本人的な共通の物の見方で、最大公約数であることを見事に浮き彫りにしている。

原本は昭和42年、文一出版から刊行されたが、俳句の入門書としてその内容の独創性と面白さは抜群で、私が一番興味をもって読んだのがこの本である。

その後、向井敏さんの解説で昭和59年に学術文庫に収録した。

処世の術説く鷗外の「知恵袋」

学術文庫に小堀桂一郎訳・解説による「森鷗外の『知恵袋』」という本がある。この本は森鷗外の「知恵袋」「心頭語」「慧語《けいご》」という3種の処世術の箴言《しんげん》集を新たに1冊にまとめ1987年に刊行したものである。

漱石と並ぶ文豪鷗外にこんな箴言集があったなんて驚きだったが、鷗外は小説家であると同時に軍医総監まで登りつめた世俗に生きた人でもあった。それだけに世渡りの重要さを誰よりも認識し、本気で処世の術を考えたのだろう。

人は誰でも生きていれば毎日多くの人と交わり、その都度意識すると否とにかかわらず何らかの判断の下に行動している。そこで鷗外はこの本の序言で、「知恵も才覚もある人が、案外他人から後ろ指を指されるようなまねをしたり、他人の事を偉そうに論じる人が人の謀《はかり》に乗せられたり、優れた才能の持ち主が埋もれてしまう人もいる…」、だからこそ処世の術が必要だと説いている。

そしてその具体的な例として、無過の金箔《きんぱく》（完全無欠の評判は危ない）、人の短（人の短所を言うことなかれ）、嘲笑（他人を嘲《あざけ》るな）など211の項目を挙げ、「自分自身の身の持ち方」や「他人とうまくやるための人間交際術」の知恵を箴言として文章に遺《のこ》したのである。私も本書をもっと早く読んでいればよかったなと、思いあたることばかりである。

こうした処世術を鷗外はどこで学んだのだろうか。じつはこの「知恵袋」にはタネ本とも言うべき本がある。今から2世紀以上も前ドイツで刊行され、今なおヨーロッパで読まれているクニッゲの名著『人間交際術』がそれである。国や時代は異なっても他人と共に生きる難しさを教えてくれる本だ。

若い頃ドイツに留学した鷗外はレクラム文庫でこれを読み、帰国後この本を基に自分の自由な発想と補訂を加えて翻案・抄訳したのである。

明治から平成まで時代を超えて処世の術を説く鷗外の「知恵袋」に学ぶものは多い。

なおクニッゲの『人間交際術』も、笠原賢介・中直一先生の新訳で学術文庫で出版した。

「五輪書」に立ち向かった仏教学者

宮本武蔵の兵法の極意を説く『五輪書《ごりんのしょ》』は、私の愛読書の一つである。熊本に帰省すると私は武蔵の思想の根源に触れたくて、しばしば金峰山《きんぼうさん》麓の霊巌洞《れいがんどう》を訪ねる。一切の甘えを切り捨てひたすら剣の道に生きた絶対不敗の武芸者武蔵がこの霊巌洞で『五輪書』を著したかと思うと、身が引き締まるのを覚えるのだ。

そして訪れる度ごとに「千日の稽古《けいこ》を鍛とし、万日の稽古を錬とす」という朝鍛夕錬の稽古と、自らの命がけの真剣勝負の体験を通して掴《つか》んだ武蔵の二天一流の兵法の極意とその神髄を私は知りたいと思った。

ただ『五輪書』はあくまでも兵法の極意を説いたものであるだけに、単なる字句の解釈だけでは不十分で、多少とも武道を体験した者でなければ掴めないのではないか、若い頃空手道に親しんだ私がこれまでの『五輪書』の解説書に物足りなさを感じるのはそこだった。

そこで私は『仏陀の観たもの』などの出版で親しくさせていただいている東大の仏教学の鎌田茂雄先生に、このことを直接ぶつけてみた。先生が研究の合間に合気道の師範として活躍し

本書で取り上げた講談社学術文庫

ておられることを聞いていたからである。

先生は「私もそう思います。『五輪書』は実際に剣を振るっていなければ読めないのです。歴史や思想の専門家であればある程度は分かりますが、本当に分かっている人はいないのです」とおっしゃった。私は確信した。やはりそうなんだと。

私は先生に『五輪書』を新たに武道家の眼《め》で解説していただけませんかとお願いした。すると先生は即座に「やりましょう」と快諾された。先生もこれまでの『五輪書』の解釈には物足りなさを感じておられたとのことであった。

執筆の最中、先生はいつも「武蔵の『五輪書』は本当に難しいです。それだけに私も武蔵が説く奥義を究めるべく本気で立ち向かっています」と言っておられた。この『五輪書』は原文に現代語訳と解説、さらに「兵法三十五箇条」と「独行道《どっこうどう》」を付して1986年に学術文庫で刊行した。それ以来この『五輪書』は私の座右の書となったが、うれしいことに二十数年経た今日もなお多くの人に読み継がれている。

熊本の春を想いながら

辛夷《こぶし》の花が咲き、桜の便りも聞かれると言うのに、風はまだまだ冷たい。今年の春は例年と違って重苦しく、いつまでも心が晴れない。

言うまでもない、何万という人々の命を奪い、東北地方の街と家々を完全に壊滅させた、あの3月11日に起こった東日本大地震のせいである。

東北地方は1千年前の平安時代にも「貞観の大地震」と呼ばれる大地震、大津波に襲われている。「貞観11年、陸奥の国は大地震に襲われ、人々は悲鳴を上げて倒れ、起き上がれず、城をはじめ倒壊した建物は数知れず、大津波は海浜から数十百里押し寄せ、溺死したものは千人」と『日本三代実録』に記録として遺されている。まるで今回の大地震、大津波をそのまま活写したかのようである。歴史的な平安の大惨事が平成の今また起きたのである。

その上に原子力発電所の大事故である。人々は地震から立ちあがる前に放射能に怯《おび》え、先の見えない不安感に襲われ日常生活もままならない。責任者として対策と指揮を執るべき日本のトップはあまりにも無力で頼りない。それでも被災者は自らの力で困難を乗り越えて立ちあがろうとしている。悲惨な状況の中でも小学校、中学校では卒業式が行われている。辛さ悲しさを抱えながらも明るく振る舞う子供たちの姿は感動的でさえある。

そう言えば、風は冷たくても春3月は卒業の季節、別れの季節。明日に向かって旅立つ月である。必死に頑張っている被災地の子供たちを見ていると、いつまでも心が晴れないとばかり言ってはおれない。

そんな時は、明るい熊本の春を想《おも》う。今頃は熊本城の桜もそろそろ満開となり、阿蘇の山々も若草が芽吹き始めていることだろう。

豊かな自然に恵まれた故郷熊本に想いを寄せながら、私も今、試練に立ち向かう東日本の被災者とともに明日への一歩を踏み出そう。心を強く持って！

II　学術文庫覚書

決闘に生きたドイツの若者――『世紀末ドイツの若者』

編集者の特権は、自分が疑問や関心を持つテーマについて、その道の専門家の先生から直接にいろいろな話が聞けることである。話の成り行き次第では、時にはその場で具体的な出版企画の話になったり、文庫の編集者であれば、著者の既刊の作品を新たに文庫として世に出すことも出来る。じつは学術文庫の『世紀末ドイツの若者』もそのような経緯で生まれた一冊である。

私は以前からクリムトやシーレの絵画、ワーグナーの建築、またシュトラウスの音楽など芸術・文化が花開いたウイーンを中心としたヨーロッパ世紀末に関心があった。時間があるとその方面の解説書や歴史の本などを読んだりしていた。新世紀を前にして人々は、特に若者たちは豊かな芸術文化をどのように享受し、当時の風潮や思想をどのように受け取り、どのように生き抜こうとしていたのか、その実態を知りたいと思っていた。

その頃たまたまユニークな書名に惹かれて目を通した浅羽通明《あさばみちあき》氏の『にせ学生マニュアル』という本に、上山安敏《うえやまやすとし》先生の『世紀末ドイツの若者』と言う本が、ヨーロッパの世紀末の若者の実態を知る上にとても参考になるということが紹介されていた。

この『世紀末ドイツの若者』という書名は、聞いたことはあるが読んだことはなかったので、世紀末という言葉に惹かれてどんなことが書かれているのか、この際読んでみようと思った。しかしこの本は絶版中であったためすぐには入手出来ず、古書店などを探し廻ってなんとか手に入れて読むことが出来た。そしてそこには、思いもよらぬ華やかな世紀末ヨーロッパの意外な一面が描かれていた。

その意外な一面の一つとして挙げられていたのが、世紀末のドイツの学生の姿である。彼らは新世紀を前にして、学問に励むよりも特別な特権意識を持って怠惰な生活を送っていたという。しかも驚くことに、彼らはその怠惰な日常生活の中で何か事があれば学生同士で、なんと「決闘」で決着をつけていたというのだ。

私が思うに、学生たちはきっと迫りくる新世紀への不安と、今まで保証されていた将来の身分保障が失われるかもしれないという恐れに苛《さいな》まされていたのだろう。そして、自暴自棄的に毎日を過ごす中でお互い同士些細《ささい》なことでいさかいを起こし、決闘までも含む刹那《せつな》的な気持ちでいっぱいだったのかもしれない。

この学生同士の「決闘」の他にも、私たちが初めて見聞きする世紀末の意外な若者の事例がいくつか紹介されている。例えばお馴染みの「ワンダーフォーゲル」だが、この活動がドイツで生まれたことは知っていても、その成立にあたっては、若者たちの政治的、社会的な活動の中から「速記」を媒介にして生まれたというのだ。まさか「速記」から「ワンダーフォーゲル」が⁉

本書を読むまでは「ワンダーフォーゲル」は、スポーツやレクレーションの一つとして旅行や登山などが形を変えて成立したものだろう位に思っていたのだが、なんと「速記」を背景にして生まれて来たというのだ。一体どんな関係があるというのか。知らなかった。あやうく「ワンダーフォーゲル」を、これまでのように誤解したままで捉えるところであった。

このようにドイツの若者たちは激動のヨーロッパの世紀末を、私たちが思いもよらぬ複雑な気持ちを抱え、多彩で苦悩の生活を送っていたことを知ると、歴史の持つ意外な広がりと深さを改めて教えられた気がする。

一読後、この本は私一人で読むには惜しい本だ。絶版のままでは惜しい。この本が学術文庫に収録されれば多くの人が私と同じように歴史の意外な一面に触れ、歴史の面白さを感じることが出来るのではないだろうかと思った。

そこで、著者の上山安敏先生に『世紀末ドイツの若者』を学術文庫に収録させて頂けないかとお願いすることにした。

『魔女とキリスト教』等の著者として知られる上山先生とは、以前、潮木守一先生の学術文庫の『ドイツの大学』の解説をお願いした時から親しくさせて頂いていた。その時から私は上山先生のヨーロッパの歴史の見方に、それも歴史の主流である政治や経済面でなく社会の民衆の生活に焦点を当てて書かれるものに、いつも関心を持って読んでいた。この『世紀末ドイツの若者』も、上山先生がどんなところから世紀末のドイツの若者に興味を持たれ、本書をお書きになったかを知りたいと思った。

初めのうち先生は、「自分のはあまり文庫向きではないのでは」と遠慮されておられたが、こちらが是非にとお願いしたので、先生もこの本には愛着があるらしく、最後には学術文庫に収録することを承知して下さった。

編集作業に移ると、写真や図版など先生から送られた大きなダンボール一箱もある貴重なドイツ語の原書25冊の中から数十点をピックアップするということになった。作業はかなり面倒であったが、ただ本書のテーマが「世紀末ドイツの若者の精神史」という個人的にも関心がある分野だったので、先生と連絡を取りながら進める編集作業も楽しく取り組むことが出来た。

そして本書の解説を上山先生の強い希望で、哲学者の木田元先生にお願いすることにした。

木田先生は、「上山先生が書かれる本はテーマも文体もユニークで、以前から関心があり面白く読んでいました。解説は喜んでやります」と言って、上山先生の専門分野や人となりを関連させながら、哲学や思想史の面から解説して下さった。木田先生の解説を頂いたことで本書の位置付けがさらに確固としたものになり、学術文庫の歴史と思想のジャンルがより広がりと深みが増したような気がした。

本書の刊行後、読者から「世紀末の歴史の一面にこんなことがあったなんて初めて知りました」「興味深く、面白く読ませて頂きました」等の感想が幾つも寄せられた。先生に報告すると、先生は「それは良かった」と大変喜んで下さった。

必読の西洋古典の最高峰――『ガリア戦記』

カエサルの『ガリア戦記』は、誰もが知るあまりにも有名な西洋の古典であるが、実際に読んだことのある人は意外に少ないのではなかろうか。事実、私もその一人で、学生の頃からいつかは読みたい、読まなければと思っていた。特に学術文庫の編集に携わるようになってからはそのことがいつも頭の片隅にあったのだが、なかなかその機会がなかった。

そんな時、「西洋の古典を学術文庫に収録してはどうですか」と、『ゲルマニア』などいくつかの古典を推薦してこられたのが国原吉之助先生である。国原先生とはそれまで接触がなかったのであらためて調べてみると、先生は西洋古典学の大家として知られる名古屋大学の教授で、西洋古典の訳書が幾つもあり、今も岩波文庫で『スエトニウス皇帝伝』などを出版されている。さらに岩波文庫だけでなく、かつて角川文庫で『ガリア戦記』も出されたが、残念ながらその『ガリア戦記』はいま絶版中であるとのことだった。

その頃たまたま西洋古典学専攻という読者から届いた手紙に、「『ガリア戦記』をもう一度読みたい。とくに国原先生の『ガリア戦記』は訳が優れているので、ぜひ学術文庫で復刊していただけないか」と書かれていた。そのことが頭にあったので、カエサルの『ガリア戦記』は一体どんな本なのか、どんなことが書かれているのか、この際一度読んで見ようと思い、絶版中の角川文庫の本を手に入れて読むことにした。いつか読んでみたい、いつかは読まなくてはと思っていた『ガリア戦記』を、思いがけなくも国原先生の推薦と、読者の葉書が切っ掛けで読むことになった。

『ガリア戦記』は、その書名が示す通りまさにカエサル自身によって2千年前に書かれた古典中の古典で、「カエサルがガリアを征服した戦いの記録」である。カエサルが前58年を期にガリア（ヨーロッパ）各地に侵攻し、一大ローマ帝国を築くまでの数々の戦闘を克明に記録したスケールの大きな戦争記録物語は、古代ヨーロッパの歴史を知ろうとする者は、必ず目を通さなくてはならない必読の書と言われている。

ただ本書『ガリア戦記』には今と異なる当時のヨーロッパ各地の細かい地名や人名が数多く出てくるし、しかも小説と違って初めて見聞きする実録の話の連続なので、読み進めるのはかなり大変であった。でも、これが2千年前の実際にあった出来事なんだ、これが世界の歴史なんだと思うと、カエサルの行くところ次々に展開する歴史ドラマの一つ一つに引き込まれてしまい、そのスケールの大きさにすっかり魅了されてしまった。

国原先生の訳書は、原著の本文と読者の理解を助けるための国原先生による詳しい解説が添えられた付録とで構成されている。本文は原著に倣い第1巻の1年目の戦争（紀元前58年）「ガリアについて」から始まり、以下、第2巻の2年目の戦争（紀元前57年）「ベルガェ人との戦い」、第3巻の3年目の戦争（紀元前56年）「アルプス山岳戦の失敗」と続き、第8巻8年目と9年目の戦争（紀元前51年と50年）までが語られる。

さすが西洋古典の名著である。私も解説に助けられながらなんとか読み終えることが出来たが、読み終えると長年の宿題をやっとやり終えた感じで、自分も何か大仕事したような、古代ローマの歴史に登場する一人の人物になったような気分になり、カエサルが急に身近に感じられてきたのだった。

読了後、この歴史的な古典が絶版のままでは惜しい。本書を私どもの学術文庫に収録すれば、西洋古典に興味を持つ多くの読者の期待に添えるに違いないと思った。そこで1993年の6月、名古屋まで出かけて「文庫に収録させて頂けませんか」と先生にお願いをした。初めのうち先生は固く遠慮されていたが、「本書を私も大変興味深く読ませていただきました。歴史の好きな読者のためにもぜひに」とお願いしたので、最終的には「そちらのご迷惑にならなければ結構ですが」と了承して下さった。

こうして歴史的名著『ガリア戦記』は、学術文庫で甦ることになった。読者からも「『ガリア戦記』を学術文庫で読めるとは思いませんでした」、「『ガリア戦記』は人名、地名などが複雑で読むのに苦労しましたが、解説を参考に読めてよかったです」「国原先生の他の西洋古典ももっと読みたいです」など、嬉しい葉書も多数頂いた。国原先生も「ご迷惑をおかけしませんでしたか」とおっしゃりながらも、「読者が喜んでくれてよかった」と読者の反応を大変喜んで下さった。

その後、先生訳の『内乱記』も収録したが、今も『ガリア戦記』という書名を見聞きする度に、本書を初めて読み終えたとき長年の宿題をやり遂げて「やったぞ！」と誇らしいような気分になったことをなつかしく想い出すことがある。

言語についての既成概念を問いただす ― 『言語文化のフロンティア』

この『言語文化のフロンティア』は、言語や日本語について私がこれまで抱いていた概念や知識を根本から問い直すきっかけを与えてくれた忘れられない本である。

じつは、国文学の別冊特集号『知についての100冊』に目を通していた時、その一冊として紹介されていたのが由良君美先生の『言語文化のフロンティア』であった。魅力的な異色のタイトルに引かれ、早速どんな本だろうかと、創元社刊の原本を手に入れ読んでみた。そこには私が今まで知らなかった言葉や言語文化についての興味深い論考がいくつも収められていた。

目次を見ると、本書は次のように大きく4つの章と附録から構成されていた。

これだけではどんなことが書かれているのか、その内容をすぐに把握することは難しいが、いざ本文に取りかかると、これがじつに多彩な内容で興味深いのだ。納められた論文は比較的短いものが多いのだが、いずれも日本語とは何かをあらためて問い直し、言語としての日本語の特質を内外の古典や歴史、文化等の面から一つ一つ明らかにしている。それも著者が着眼した言語の問題点や論考の発想が、またその解決策と今後の展望が、著者ならではのユニークな発想で展開され興味を引かずにはおかない。一挙に言語文化についての関心を呼び起こされた。

本書の中でも私が特に啓発されたのは、第Ⅱ章の日本語の再発見に収められた「〈ルビ〉の美学」である。ルビ（ふり仮名）については、これまであまり関心もなく、単に漢字の読みを助けるための補助的なものと思っていたのだが、どうしてどうして、ルビは文章を、日本語を左右するほどの大きな働きをしていることを初めて教えられたのだ。

ルビは漢字の採用とともに、音読みか、訓読みかを指定し、日本独自の意味論的性質を持つことが説明される。そしてルビは文章全体をいろいろの意味で彩り、深さを増し、さらに膨らませるという。ルビについて私はそんなことまで考えたことは一度もなかっただけに、ルビが文章の構成に想像以上に大きな意味を持っていることに驚き、ルビがあらためてことのほか新鮮に感じられ、ルビを意識して文章を読むことが、いかに大切かを初めて知ることになった。

　この他、「〈拝外〉と〈排外〉」という短いエッセーも、日本語とは何かを考える上でまことに興味深い内容であった。日本の歴史や文化を語る時、いつも付いてくる〈拝外〉と〈排外〉。外国のものは全て優れていてありがたいものだと考えるのと、外国のものは全て掃いて捨てるべきであるという考えである。言葉についてもそれは同じだという。日本語は合理的なのか非合理的なのか、それとも外国語に比べ日本語だけが純粋なのか、果たして言語文化はどうなのか、などは時代の変化を問わずこれまでいつも問題視されて来た。

　この点について著者は、日本語と日本文学の2つを、「ともに富ませたい」という熱い想いのもとに独自の論考を展開していく。

　そしてまた別の章においても、著者ならではの言語についての今までにないユニークな視点からの考えが展開され、読む者の知的好奇心をくすぐらずにはおかない。

　この本を面白く読んだ私は、著者の言語文化についての考え方をもっと知りたくなった。それには直接、著者の由良先生に話を聞くのが一番だと思って先生にお会いすることにした。

　数日後、東大の駒場の先生の研究室に伺うと、「学術文庫の池永さんですか、ようこそ」と快く迎えて下さった。有り難いことに先生は私どもの学術文庫について、「『チベット旅行記』をはじめ多くの古典が収録されているのはすばらしいですね。学術文庫は学術的にとても貴重なシリーズだと思いますよ」とこちらが考えている以上に高く評価して下さっていた。

そこで私は先生に、「『言語文化のフロンティア』を大変面白く読ませて頂きました。言語文化についての先生のユニークな視点、論考がどれも興味深く、沢山のことを教えられました。ただこの本が絶版のままでは惜しいと思います。なんとかこの本を私どもの学術文庫に収録させて頂けませんか」と申し上げた。

先生は「それはありがたい、文庫になれば授業でも使えるし、読者からも読んでみたいという声を頂いていますので」と言って、快く承知して下さった。私も由良先生のお許しを頂き、本書のようなユニークな言語学、日本語論の本が収録出来ることを嬉しく思った。

このような経過を経て『言語文化のフロンティア』は学術文庫の一冊として刊行された。なお文庫化に当たって、解説は由良先生のたっての希望で、尊敬されている寿岳文章《じゅがくぶんしょう》先生が書いて下さったのも忘れられない想い出である。

祖国朝鮮への愛と忠誠 ― 金素雲の『三韓昔がたり』

学術文庫には韓国・朝鮮関連のものが数多くあるが、そうした一連の最初となった文庫が、『三韓昔がたり』である。もともとは東大の小堀桂一郎先生が、「子供向けに書かれた戦前の本ですが、今も十分読むに価する優れた内容と思いますので、学術文庫にどうでしょうか」と推薦してこられたものである。

韓国・朝鮮について私はそれまで興味はあるものの、韓国・朝鮮のものはなんとなく遠ざけていた。とくにこれという理由がある訳ではなかったが、韓国・朝鮮が日帝36年の怨念からか、事あるごとに異常とも思えるくらいの激しい反日運動が起きることなどに、反発と嫌悪感を覚えていたからである。

初め子供向けであると言うので、それほどの期待も抱かずにこの『三韓昔がたり』に向かったのだが、読み始めるとすぐに今まで読んだこともない、さすがとしか言いようがない文章の凄さを感じたのだ。これは本当に韓国人が書いた文章なのか！

著者の金素雲《キムソウン》は、戦前朝鮮から日本に渡って日本語を学び、北原白秋に師事し、「朝鮮民謡選」「朝鮮童謡集」など朝鮮の民謡や童謡を初めて日本に紹介した人として知られている詩人、文人である。本書『三韓昔がたり』は戦前の本なので旧かなで書かれているが、その文章は日本人の作家も及ばぬほど素晴らしく、簡潔にして骨太、流暢《りゅうちょう》で、しかも格調高く、じつにみごとに朝鮮の三韓時代を熱く語り明かしているのだ。

金素雲は『三韓昔がたり』に賭けるその熱い思いを、「はしがき」で次のように述べている。

『三韓昔がたり』と名付けたこの本の中には、古い昔から朝鮮にあったさまざまな語り草が集められてゐる。およそ四十あまり――、戦ものがたりや忠義の話もあるが、ところどころ、思はず顔のほころびるやうな気軽な話も取り入れておいた。いずれもきみたちには、はじめてきく耳新しい話だ。それだけに何かきみたちを、考へさせるものがあるだろうと思ふ。古いことを通して、一つでも多く新しい意味を学び取らう。――と。

この「はしがき」をよく読むと、その背後に祖国朝鮮を思う金素雲の秘められた熱い想いが痛いほど伝わってくる。「いずれもきみたちには、はじめてきく耳新しい話だ。それだけに何かきみたちを、考へさせるものがあるだろうと思ふ。古いことを通して、一つでも多く新しい意味を学び取らう。――と」。日本語で書かれてはいるが、その眼差しはあくまでも朝鮮の若者に向けられている。

この『三韓昔がたり』には、新羅、高句麗、百済の三国時代が舞台の、短編だが興味深い44の話が収められている。高句麗や百済の建国の話、2つの宝、馬鹿の温達、元帥金愈信《キムユシン》、新羅の末路など、どの話も初めて聞く、しかも面白く読めるものばかりである。いずれも韓国・朝鮮に伝わる「三国史記」『三国遺事』から採られた話とのことだが、雄大な東アジアの歴史が金素雲の筆でみごとに語り明かされて行く。それもさりげなく、けして驕《おご》ることなく。

本書は太平洋戦争が始まった昭和16年12月に書かれている。故郷朝鮮を離れ、祖国を想いながらふつふつたる愛国の情をそっと文章の裏に秘め、表面はさりげなく祖国朝鮮の歴史を若者たちに語りかけている。歴史とは言え、朝鮮人でありながら日本語で語る祖国の昔話。しかも本書刊行時は、作者名は金素雲の名前でなく鉄甚平《てつじんぺい》の名で発表している。

「金素雲となぜ名乗らなかったのですか」と小堀先生が金素雲にお会いして尋ねられたとき、彼は「金素雲などといふ名では決して本を出したりはできない時代でした。仕方がないから日本人と聞こえる様な名にした。鉄は金を失する、で、金とは名乗れないのでそのことへの自嘲の意味をこめてつけたのです」と答えたという。この言葉に、私たちは何を持って応えることが出来るというのか。

時代の制約とはいえ祖国朝鮮の歴史と民族に限りない愛情を寄せて語った自分の著書なのに、金素雲と名乗ることが出来なかった彼の苦衷、胸の内は如何《いか》ばかりだったことだろう。そしてどんなにか辛く悔しかったことだろう。

小堀先生が、本書の内容の素晴らしさと歴史的な位置付けを、そして作家金素雲の人となりを懇切丁寧に解説してくださったことで、今まで知らなかった偉大な三国時代の韓国・朝鮮の歴史を知ることが出来て、私がこれまで長年抱いていた韓国・朝鮮についてのマイナスイメージをも一変させることになった。

本書『三韓昔がたり』を読み、歴史は表面だけでなく全体を総合的に見ること、そして金素雲のように歴史に向かうときは常に謙虚な姿勢で、確固たる精神を持って怯《ひる》むことなく臨まねばならないことを教えられたような気がする。

金素雲の生き方に、学ぶことは多い。

厚みのあるドイツ文化──『ドイツの都市と生活文化』

最近は華やかなイタリアやスペイン人気に押されてドイツの人気はひと頃ほどではないようだが、ドイツと聞くとなんとなく親しみを感じるのは私ひとりではないだろう。バッハやベートーベンの音楽、ゲーテやシラーの文学、カントの哲学、ビールや車、そしてライン川とローレライの歌など、ドイツはいつも私の身近だった。

そんなことから私は、自由に何でも受け入れる融通無碍《ゆうずうむげ》の日本文化とも、時代の先端を行く斬新《ざんしん》で豪華なアメリカ文化とも、おしゃれで粋なフランス文化とも異なり、一貫して頑固で変わることのないように見えるドイツの文化と国民性は一体どこから生まれてきたかを知りたいと思っていた。

私が初めてドイツを訪れたのは、ベルリンの壁が崩れた翌年、ドイツの人々が明るい表情を見せていた１９９１年の秋である。ドイツの出版事情を探るための出張であったが、訪問先で会った先方の出版社の編集者たちはとてもフレンドリーで、「グーテンタク」と皆笑顔で迎えてくれた。

予想はしていたが彼らは数カ国語に堪能で、懇談会は「何語でお話しましょうか」という言葉から始まった。私はおぼつかない英語で、時には通訳の力を借りながらドイツ語も交え最近の日本とドイツの出版状況と未来について彼らといろいろな話を交わした。

ドイツの編集者たちは、出版にかける熱い思いを率直に語ってくれた。彼らの出版についての基本的な考え方と、これからの出版状況はもっと厳しくなるだろうという見方は、私と同じだった。ただ違うのは、ドイツの編集者たちが、何よりも自分たちは編集者であるということに皆強いプライドを持っていたことである。そして個人プレーが行きわたっていて、編集者の一人ひとりが自分の世界で仕事をしているようであった。まさにどこまでもドイツ人という感じを受けた。

ただ今も残念に思うのだが、その時の自分の英語やドイツ語がもどかしく、語学力をもっと身に着けておけば、出版だけでなくドイツの歴史やドイツ人の国民性などについても、もっと突っ込んだ話も出来たのではないかということである。

この出張の際、そのころ折にふれ私にドイツの出版状況や学術文庫についての感想や意見などを送ってくれていたご主人がドイツ人だという日本人の主婦で学術文庫ファンのヒロコ・ハウプトさんの家に食事に招かれた。食事をしながらヒロコさんとご主人と2人の高校生の息子さんを交えて率直にいろいろな話をした。そして、この家の人々の考え方や生活を見ていると、確かにドイツ人であった。決して頑固ではないが、我われ日本人とは何かが違う。生活の全《すべ》てが、行動様式がゆるぎなくがっちりとしているという印象を受けた。

この一家の他にもいろいろな所で様々なドイツ人と出会ったが、共通して感じる雰囲気はいつも同じだった。このドイツでの経験が私のドイツへの親近感をさらに増し、私のドイツに対する思い入れを深くした。そうであればあるほど、帰国後もドイツやドイツ人をもっと知りたい、ドイツとはどんな国なのか、どんな歴史を持っているのか、ドイツ人はどんな生活をしているのかなど、知りたいという気持ちが強くなった。そこで何かいい資料や解説書はないかと探してみたが、残念ながらそのような欲求を満たすような本は見出せなかった。

それなら、そんな本がなければ新しく作ったらどうだろうかと考えたのだ。私は『ライン河の文化史』など、これまで学術文庫でドイツ関連の幾つもの企画、出版を通して親しくして頂いているドイツ文学の小塩節《おしおたかし》先生にこの話をぶつけてみた。先生も私の話に大いに興味を持たれ、「自分もそう思うのでどんな本にするか、一緒に考えてみましょう」とおっしゃった。

それから先生と、どんな内容の、どんな構成の本にするかについて話し合いを重ねた。そして今度の本は「ドイツの都市と生活文化」と題して小塩先生の書き下ろしを中心に構成し、この一冊でドイツの全てが分かるものにしようということになった。

そこで一案として、ドイツとドイツ人を知るには、彼らの一年の具体的な生活を追ってを見てみたらどうだろうということになった。新年1月から始まるドイツ人の暮らしが、日々の流れの中でどのように展開していくのか。そしてその中でドイツ人は何を考え、何を楽しみに生きているのか、また彼らの日常の精神的な支えとなっているものは何なのか。そういったドイツ人の生活を一つ一つ探ることで、ドイツとは何か、ドイツ人とは何なのかが浮き彫りに出来るのではないか。

そして次に、彼らの精神生活と密接な関係のあるドイツの自然に目を向けることにした。日本と全く異なるドイツの自然は、温帯の日本の自然に比べ明らかに厳しい。長く寒い冬と短い夏。ドイツでは森の木は成長するのに50年かかると言われる。それだけにドイツ人は森や川、生き物、全ての自然を大切にする。自然を愛することでは、それは見事なくらいドイツ人は徹底している。私たち日本人は到底かなわない。きっと世界のどの国もかなわないだろう。そうであればこそ、このような厳しい自然環境の下で生まれた文化や芸術、とくに言語や音楽、美術や宗教が、ドイツ人の思考法と生活に、どんなに重要な役割を果たしているかが明らかになるだろう。

なぜドイツでルターの宗教改革が行われたのか。なぜベートベンやモーツアルトのような優れた音楽家が多数輩出し、世界の奇跡と言われるようなヨーロッパリードが生まれたのか。なぜゲーテのような偉大な天才が生まれたのか。なぜカントやマルクスのような哲学者が生まれたのか。そして、なぜあれほどの豊かな歴史と精神文化を持つドイツに、ヒットラーのような人物が、ナチズムが生まれたのか。

小塩先生はこのような疑問にやさしく応えながら、ドイツとドイツ人の厚みのある文化の特性を平易に説き明かして下さった。

どの文章にも、ドイツを愛する先生ならではの温かい眼差しが感じられ、読む人をいつしかドイツへと誘い、ドイツの文化や芸術、学問や科学への想いと憧れをますます強くしていく。そのために私の長年抱いていた疑問もかなり解けたような気がした。

そして誰もがドイツを知れば知るほど彼等の日常生活が文化の厚みで満たされ、確実で豊な世界が開かれていることを発見し、きっとドイツを好きになるだろう。

この本は誰にとっても、豊かなドイツ物語、ドイツ紀行、ドイツ入門の書である。ドイツを知り、ドイツを語ることは、同時に自分の目を世界に開くことでもある。そしてそれは、私たちが日本をよりよく知ることにも繋がるのである。

今を生きるための「加藤倫理学」――『現代倫理学入門』

加藤尚武《かとうひさたけ》先生と言えばヘーゲル哲学の権威として、また環境倫理学の権威として広く知られる有名な哲学者、倫理学者である。以前から私は、学術文庫に加藤先生の倫理学の著書を一冊は欲しいなと思っていた。特に現代の若者の生き方や自然環境について先生はどのように考えておられるのか、先生が今課題にしておられるのは何かを知りたくて、１９９６年の夏、京都大学の先生の研究室を訪ねた。

先生とはそれまで特にコンタクトはなかったので、率直に「先生の現代社会を対象にした倫理学のテーマは何ですか。また先生の著書を学術文庫で考えることはできませんか」と尋ねた。すると先生から、「まだ本になっていませんが、放送大学の教材で使った「倫理学の基礎」のテキストをもとにして、学術文庫で出して頂けないだろうか」とおっしゃって下さったのだ。

加藤先生の本が学術文庫として実現するまでにはかなりの時間がかかると思っていたので、思いがけない急転直下の展開でいささか戸惑ってしまった。でも善は急げである。早速、先生にテキストの見直しと加筆、手入れをお願いし、こちらも早急に編集体制を組み進めることにした。

本書の内容は、題名の『現代倫理学入門』が物語る通り、現代の「倫理学」全般についての入門書である。倫理学というと、なんとなく古臭く時代離れしていると受け取られがちだが、どうしてどうして、本書は誰もが今日を生きる上で身近に直面している事柄に、「え？」「なぜ」「どうして？」と聞き返すような疑問を幾つも提起する画期的な内容の本である。

たとえば、「人を助けるために嘘をつくことは許されるか」「他人に迷惑をかけなければ、何をしてもよいか」「10人の命を救うために1人の人を殺すことはゆるされるか」等など、現代の日常生活の中で起こる誰もがすぐには答えられない絶対的な問いを真っ向から取り上げ、これをどう考えていけばいいのか、どう対処していけばいいのかを考えさせるのだ。

私たちは世の中の道徳や倫理というものに対して、いつもどこかおかしい、納得がいかないと思いながらも最後まで追求せず、あいまいにしたまま周りに合わせて生きている。それも周りと面倒なことや争いを起こしたくないという単純な理由からだ。それは人として生きていく上の知恵であり、処世術であるが、それだけにあまりにも偽善的な生き方や徳目については、どこか胡散臭《うさんくさ》さと反発を覚えることが多い。そこに著者は目を向け、日常生活で一つ見方を変えれば、なぜそうなのかとあらためて考え直さざるをえない疑問や矛盾点を現代倫理学の主要なテーマとして取り上げ、これを分析し解説を加えていく。

普段は説教じみてあまり面白いという感じがしない倫理学だが、本書は各章の題名を見ただけで興味津々、誰もがなんだろう、読んでみようかという気にさせる。それは「加藤倫理学」ならではの他に類を見ない特長と言えるだろう。

刊行直後から本書は画期的な倫理学の入門書ということで高い評価を受け、多くの人に読まれ、新聞、雑誌の書評にも幾つも取り上げられた。さらに大学の教科書として採用されたり、試験問題として活用されるなど予想以上の広がりを見せ、重版を重ねることになった。それも学術文庫でも珍しい何千部単位の重版を重ねるという稀有《けう》の書となったのである。

蘇る明治日本の面影――「小泉八雲選集」

学術文庫には『小泉八雲―西洋脱出の夢』をはじめ「小泉八雲選集」６巻など、平川祐弘《すけひろ》先生の作品が数多く収録されている。

私が先生と初めてお会いしたのは、学術文庫で新渡戸稲造《にとべいなぞう》の『西洋の事情と思想』の解説をお願いした時である。そもそも解説は、読者のために当該の本の特徴や優れた点、著者の学問や思想の位置付け、どう読めばいいかなどについて無難にまとめる方が多いのだが、先生の解説を頂いて目を通したとき、実は大いに驚いた。

それまで私は新渡戸稲造を、「太平洋の架け橋」を説き、日米両国の新時代を開いた優れた偉人の一人だと思っていたのだが、先生はこの本の解説では新渡戸の人物や思想を彼のプラスの面だけでなく、こちらが予想もしないマイナスの面も遠慮なく書いておられ、文庫の解説にしては極めて厳しい内容になっていたのだ。

今思えば先生の学問的姿勢からすれば当然のことだったのかもしれないが、さすがにこの時は、「この本の対象は、一般の読者ですから」と無理にお願いして、新渡戸のプラスの面もいくらか強調して書いていただいた。この時まで平川先生のように率直に自分の考えを表明される先生にはお会いしたことがなかったので、驚くと同時に、これからは心して接しないと大変だと思った。

しかし、その時から平川先生の著書を学術文庫に収録したら面白くなるのではと思ったのだ。ただ先生は以前、我が講談社から『西欧の衝撃と日本』という本を出しておられるが、その際編集部から「中国を支那と書くのは止《や》めて頂けませんか」と言われたことに不満を持っておられると聞いていたので、講談社学術文庫での企画の相談は難しいかなと思っていたが、いろいろお話をすると快く引き受けて下さった。

それ以来、先生は10冊を超える優れた作品を学術文庫で刊行させて下さった。

その中でも私が特に思い出深いのが、沖積舎《ちゅうせきしゃ》から刊行された先生の修士論文を基にまとめられた『ルネサンスの詩―城と泉と旅人と』を学術文庫に収録したことである。この本は若き日ヨーロッパに留学中の先生がイタリアのアッシージやフランスのロワール等を訪れ、初めて西洋の歴史や文化、芸術作品に接した喜びと感動を見事に謳《うた》い上げた作品である。論文というよりもその詩人の様なみずみずしい文章は、読む人をいつしか古《いにしえ》の素敵な「ルネサンスの世界」へと誘うのだ。さすが西洋と日本を跨ぐ学者にして文学者だと思った。

この仕事の最中にも、先生はしばしば小泉八雲のことを話題にしておられたが、この時はまだ私の小泉八雲についての認識はそれほどでもなかったのでなんとなく聞き流していたように思う。

その頃先生は、文藝春秋社や新潮社、河出書房などで興味深い優れた作品を単行本で次々に発表しておられたが、多くの本が品切れで残念ながら手に入りにくいことが多かった。そこで先生に「学術文庫に収録すると皆がまた読めるようになりますから」とお願いして、『ルネサンスの詩』のほか、『夏目漱石―非西洋の苦闘』や『小泉八雲―西洋脱出の夢』など、多くの作品を刊行させて頂いた。

私も先生の「小泉八雲―西洋脱出の夢」を学術文庫で取り上げた頃から、八雲についての関心が高まっていった。そういうとき先生から、八雲を見直してみませんかという話をいただいたのだ。それが学術文庫でも初めての試みとなった「小泉八雲選集」の企画である。

平川先生は仙北谷《せんぼくや》晃一《こういち》先生とともに優れた若い学者を結集して、小泉八雲の作品の新訳に取り組まれることになった。そして原稿が出来る度に、編集部の砂田多恵子さんとともに各先生方の元に原稿受け取りに出かけ編集作業を進めた。そのようにして『怪談・奇談』をはじめ、『神々の国の首都』や『明治日本の面影』など「小泉八雲名作選集」全5巻が見事に完成した。

どの巻もすばらしい訳で、小泉八雲が、明治日本の面影が今見事に蘇《よみがえ》ったのだった。さらにこの仕事の総合的な仕上げとして、『小泉八雲　回想と研究』で八雲の文学的、学術的な位置付けがなされたのである。

小泉八雲といえば、一般には「耳なし芳一」などの怪談奇談の作者としてしか認識していない人が多かっただけに、本選集の出現で多くの人が八雲の多彩な作品に触れることが出来るようになり、八雲についての再認識がなされ、学術文庫の誇りうる成果の一つとなったのである。なかでも八雲が本選集の多くの作品で、ともすれば当時の日本人が見落としていたなにげない庶民の生活や風物を描いて残してくれたのは、私たちの貴重な歴史的な文化遺産ともなっていることをあらためて知らされたのだ。

小泉八雲が中学の英語の先生として出雲で過ごした後、熊本に赴任し五高の先生でもあったことから、八雲の作品の舞台が出雲だけでなく熊本も頻繁に出てくることで、熊本出身の私にも八雲が今まで以上に身近に感じられ、新訳の作品をことのほか興味深く読んだ。

そして翻訳に参加された若い先生たちは、その後いずれの方々も学者、研究者として八雲についての研究はもちろん、多くの成果を次々に挙げて今学界の第一線で活躍しておられる。

戦後日本を根底から問い直す現代日本社会論
――『現代日本のリベラリズム』

平成にはいって瞬く間に数年が過ぎ去ってしまった。瞬く間に、というのは、ただ物理的な時間のことでなく、主観的、体感的な時間感覚のことである。だが平成に入ってわれわれの前に突き出された課題に対しては、いまだに何一つ解決の糸口さえ見出だされていない。それどころか、議論はますます混乱をきわめ、混乱からの脱出口はますます見いだしにくくなっているようにも見える。

これは講談社フィロソフィアの一冊として１９９６年出版された『現代日本のリベラリズム』という本の著者佐伯啓思《さえきけいし》先生のあとがきの冒頭の一節である。

佐伯先生といえば、『隠された思考』でサントリー学芸賞を、『アメリカニズムの終焉』で東畑記念賞を受けるなど若い時から注目を集めた経済学者で、今年（２０１５）の春京都大学を退官され名誉教授となられてからも、以前にも増して日本の社会状況を鋭く説き明かす優れた論考を次々と発表されている。

私は先生が若くして論壇に登場された時から先生の著作や論文に関心を持ち、読む度に先生のテーマに鋭く迫り、鮮やかに分析解明する論考に啓発されることが多かった。そして、学術文庫で『現代社会論』を出版させて頂いてもいた。

この『現代日本のリベラリズム』が出版されたのは今から20年も前になるが、当時は誰もが予想もしない阪神淡路大震災やオウム事件などで日本中が混迷と混乱状況に陥っていた。そして、日本の社会がなぜこのような事態に陥ったのか、その脱出口をどうやって見つけていくのかが誰にも見えない日々が続いていた。そのような騒然とし、また茫然とした雰囲気の中にあっても、先生は冷静に社会を見つめ、独自の興味深い論考を我われの前に提供しておられた。

そこで私は先生が、このような混乱した日本の社会状況をどのように捉え、どんな展望を持っておられるか、そしてこの茫然とし、沈滞した日本の空気を打ち破るにはどう考えればいいかを直接聞いてみたいと思ったのである。

私は1995年の夏、京都大学の先生の研究室を訪ねた。先生の研究室は、その時はなぜか医学部の古い建物の2階の部屋だった。こんなところで先生は研究に励み、学生の指導にあたりながら画期的な優れた論考を展開しておられることに意外な気がした。

私は早速、「混迷する現代の日本社会をどう見ればいいか、またその解決方法と展望はあるのか、先生の考えを書き下ろしで論述して頂けないでしょうか」と頼んでみた。先生は私の話に興味を覚えられたのか、「分かりました。やりましょう」とこころよく引き受けて下さったのだ。

本書で先生は、「政治や経済が、そして文化がこのような事態を引き起こしたのは、現代日本の思想や理念が見えないことに原因があり、さらにさかのぼれば戦後の思想の営為にかかわっているのではないか、そしてそこに近・現代の日本の宿命と悲劇があったのだ」との視点で、近代を懐疑し、戦後日本の再検討を図られた。本書を編集しながら私は「どの論考も確かにそうだ」と頷《うなず》けるものばかりだった。佐伯先生の視点と分析はすごい、さすが気鋭の論者だと思った。

そして本書『現代日本のリベラリズム』は刊行後、思いがけなくも１９９７年の読売論壇賞を受けることになった。先生と一緒に受賞できたことは本当にうれしかった。

今回あらためて本書を読み直してみたが、先生が指摘された論点は、戦後70年を迎えた今の日本の社会状況にもそのまま当てはまり、課題は何も解決していないことに気付かされた。いやむしろ事態はもっと深刻になってきているようにさえ思えるのだ。

Ⅲ　学術をポケットに！——学術文庫の心

「学術は少年の心を養い、成年の心を満たす」

これは昭和51年（1976）、講談社から「学術をポケットに！」をモットーに生まれた講談社学術文庫創刊の言葉である。

私はこの創刊の年から編集者として二十数年に渡り学術文庫の編集に携わった。会社を退職してすでに10年にもなるが、書店へ行くといまだに文庫の棚が気になり、青い背表紙に朱鷺《とき》のマークの学術文庫が見えると、なぜだかほっとした気分になる。それは棚に並ぶ文庫の一冊一冊が、私の編集者としての履歴を語るありがたい財産になっているからだ。

学術文庫は、「学術のために万人に新しい天地を開く」という壮大な意図のもとに、文庫という小さな形で創刊されたのだが、出版大手の講談社が学術部門にまで進出してきたと言うので、当初各界に様々な波紋をよんだ。中でも中小の学術出版社の反発は大きかった。それまで学術書の出版と言えば、大手の岩波書店や平凡社、紀伊國屋書店等を別にすれば、中小の学術出版社が小部数を地道に長年かけて販売していくというのが一般的であった。そんなところに大手の講談社が学術分野にまで進出して来たと言うので、自分たちの領域が侵され、営業的にも多大な影響を受けると不安を抱かれたようだ。

それまで私たちは学術書について様々な声を耳にしていた。読者からは「いい本だが高くて買えない」「読みたくてもなかなか手に入らない」「品切れが多い」などの声を、また学者や研究者からは「刷り部数が少ない」「本の価格が高いので学生に買ってもらえない」「授業で使おうにもすぐに増刷してくれない」などの声も聞こえていた。

そこで学術部門後発の講談社としては、学術部門の今後の展開を図るためにも、学術書も文庫という形であれば、時代の要請に応えることが出来るのではないかと考えたのである。

このような背景の基に学術文庫は創刊されたのだが、初めから全《すべ》てがうまくいった訳ではない。大手といっても総合出版社の講談社は、残念ながら学術部門の編集経験も乏しく、従って文庫にそのまま収録出来るような作品は限られていた。そこで学術文庫の発足に当たっては、山本局長、朝倉部長のもとに皆で学術書とは何かを問うところから出発し、学術というものをこれまでの既成概念に捉われることなく出来るだけ広く捉えることにした。そして過去の名著は勿論《もちろん》、現代の学問思想を中心に学術を総合的に見直し、埋もれている名著や評価の高いものに当たることにしようということになった。

また、他社の刊行になるものについては、それぞれの出版社に文庫に収録させて頂きたいと出版許可のお願いをした。しかしこれがなかなか大変であった。著作権が切れた物については比較的問題は少なかったが、品切れになって何年も経つようなものであっても、いざ文庫に収録のお願いをすると「絶版でなく重版未定の本です」と言われ、そう簡単にはいかなかった。他社で刊行されたものを学術文庫に収録のお願いをする時は、当然ながら事前に著者の了解を頂き、版権については「それなりの版権料をお支払いいたしますのでよろしくご配慮下さい」とお願いしたが、それでもなかなか版権を譲って下さらないことも多かった。

この版権問題は、私が編集部在任中いつも付いて回った。著者は了解していても、「我われが築きあげた成果を横取りするのはけしからん」「出版界の信義にもとる」「出版権が侵される」など、かなりひどい言葉で非難された。どうお願いしてもイエスと言ってもらえず、出版を途中で断念した企画も幾つもあった。先方の出版社は、版権料よりも築き上げた財産を大手に取られてしまうのではないかという気持ちが優先し、感情的に面白くないという面があることは否定できないように思われた。

また学術文庫創刊当時、担当部局の学術局ではこの文庫の他にも、局挙げての「医科学大事典」という大きな企画が進行していたこともあり、学術文庫の編集体制は人の面でも組織の面でも一定せず流動的であった。私も「医科学大事典」の企画・編集に参加することになったが、なぜか私だけは責任者として学術文庫もそのまま担当することになった。

当時、学術文庫は毎月4冊を刊行するのが一応のノルマだったので、限られた人数の編集部員で学術の名に値する企画、それもある程度の売り上げの数字が期待される企画を考えるのはいつも大変だった。

それでも出版界でそれなりに学術文庫が認められて来ると、新聞や雑誌の書評などで取り上げられたり、取材されたりする機会も増えてきた。また、ありがたいことに読者や学者、研究者からの評判も高まり、「貴重な学術書や名著と言われる本が文庫で手に入る」「高価な古書が手軽に読める」「これなら大学の教科書として使える」「この先生の本をぜひ出して欲しい」等々の好意的な反応が寄せられるようになった。ただ営業的には創刊以来いつも厳しい状況が続いていた。

学術文庫が出版部として正式に独立したのは、創刊10年目の昭和60年（１９８５）であった。独立後、私は今後の展望を開くためにもこれまでの学術文庫の流れは守りつつも、文庫といえども時代をリードする勝れた学術書からなる新しい「学術の森」を作ろうと考えた。そのために編集部が一丸となって積極的に学術の世界に挑戦し、今日的な学術や専門分野の確かなものを総合的に収録することを目指した。

そのために書き下ろしや編纂ものにも力を入れることにした。その際、今日の学界の中心をなす学者や専門家の優れたものに絞るのは当然だが、これからの活躍が期待される優れた若手の学者も出来るだけ起用したいと思った。

そうは言っても学術書の分野は広く深く、しかも専門的で内容も難しいものが多いため、企画を立てることも編集作業も大変だった。それでも実際の進行に当たっては、原本や原稿をそのままの形で収録するのでなく、先生方の協力を得てルビや注を施し、付表や写真を載せ、それぞれの巻に解説を施すなど出来るだけ読者の便宜を図るように努めた。

そのため物によっては予想以上に多くの時間と労力を要し、原稿の手入れに一日に3、4頁しか進まぬことも多かったが、それでも少しでもいいものを作ろうと皆頑張った。中国古典や歴史書、物語などの原文には読みだけでなく書き下ろし文や訳文を加え、内容の不明なもの、難解なものについては、著者はもちろん識者や専門家に尋ね、また図書館に詰めて原文に当たったりもした。著者の先生や読者から、「学術文庫はよくやっているね」などの嬉しい励ましの言葉を頂いたこともあった。

そんな時、「学術文庫は親本があるから簡単でしょう」「文庫だから、手入れはそこまでは必要ないよ」などと、とんでもないことを言う人もいて、反発を覚えたこともあったが、作品の価値は読者が判断するからと、それでも我慢していいものを揃えることに力を注いだ。

このような状況の中で私たちは学術文庫の作品の一つ一つを刊行していった。

哲学や思想、心理や宗教などの分野では、孔子の『論語』や佐藤一斎の『言志四録』、エックハルトの『神の慰めの書』や今道友信《いまみちとものぶ》先生の『西洋哲学史』、廣松渉先生の『マルクス主義の地平』など評価の高い作品を多数収録した。また文学、芸術などの分野では夏目漱石の『私の個人主義』をはじめ、岡倉天心の『茶の本』や小西甚一先生の『俳句の世界』などの名著を収録した。この他文芸評論や読者の希望が多い俳句や短歌の基本書を刊行し、さらに現代の俳人、短歌人それぞれ100人を選び「現代の俳句集」「現代の短歌集」を学術文庫として新たに編纂し刊行した。

その他『平家物語』や『徒然草』など日本文学古典の注釈書き下ろしの集大成を目指す一方、比較文化論や翻訳物などにも積極的に挑戦した。その一つとして平川祐弘先生の指導の下に、当時気鋭の若手の先生方を結集し、新訳の「小泉八雲選集」全6巻を刊行した。この選集であらためて小泉八雲作品の魅力を世に知らしめ、小泉八雲の文学的位置付けと学術文庫を世間に再認識させることが出来たように思う。

また、最近では珍しくなくなったが、英和辞典や国語辞典、宗教事典などの事典、辞典類を文庫版で刊行し、画期的な試みとして話題を呼んだ。

歴史・地理関係では、内藤湖南の『日本文化史研究』や河口慧海《えかい》の『チベット旅行記』をはじめ、古代から昭和に至る日本の歴史の跡を辿《たど》る基本文献を多数収録した。特に明治以降の日本の近代化の実像に迫る朝河貫一の『日本の禍機』や『パル判決書』『私の見た東京裁判』等を収録し、同時にカエサルの『ガリア戦記』や『内乱記』等世界史の必読文献も収録した。

中でも徳富蘇峰の大著「近世日本国民史」に文庫で挑戦したことは、学術文庫の歴史だけでなく広く出版界で特筆されることになった。「近世日本国民史」は、織田時代以降の日本の歴史を語る他に類を見ない勝れた歴史書として最近評価が高まってきているが、なにしろ100巻にもわたる超大作だけに、残念ながら50巻を刊行した後、未完のままになっている。

社会科学部門では、テレビや週刊誌にも取り上げられ話題を呼んだ高橋亀吉等の『昭和金融恐慌史』など現代の政治、経済、社会思想の話題の書を、書き下ろしを含めて収録した。

そのほかアメリカやヨーロッパ等の新しい学術書を新訳で刊行するとともに、世界の出版状況を探るため、平成3年（1991）私はドイツやイギリス等の出版社を訪ね、レクラム文庫やペンギン文庫などの現場の編集者たちと意見を交わした。また1996年には、フィンランドの哲学者ブリグト先生をヘルシンキに訪ね、先生の『論理分析哲学』を訳下ろしで学術文庫の一冊として刊行することが出来た。

この間台湾や韓国を始め、学術文庫に注目した外国の学者や出版社から翻訳の問い合わせが相次ぎ、小西甚一先生の『日本文学史』や高階秀爾《たかしなしゅうじ》先生の『フランス絵画史』など幾つかが翻訳された。この他ドイツの大学の図書館に学術文庫が全巻揃っているというされしい話も聞こえてきた。

このように私たちのそれぞれの想いを込めて生まれた学術文庫の一冊一冊が読者の目に留まり、評価を受け、大学の教科書として採用されたり、入試にも登場したりするようになっていったのだった。

そして１９９１年11月、宇田川真人さん、布宮みつ子さんらとともに学術文庫１０００点目となる８冊を刊行することが出来たのである。創刊以来初めての一面新聞広告で広く世間に学術文庫ありを訴えることが出来たのは、担当の編集者として嬉しく感無量の思いがした。

ただ読者や学者等からの評判は良かったが、そうは言っても営業面に目を向けると、学術文庫は学術の専門書ということで発行部数は限られており、営業的には創刊以来かなりきつい状態が何年も続いていた。編集側がいくらいい本だと言っても、営業的に一定の数字が上がらなければ出版は成り立たないことは当然で、販売の担当者もなんとかプラスの方向に持っていこうと努力を重ねていた。

そういう中にあって担当の荒川忠彦さんが、いろいろと販売策を講じ積極的に書店に働きかけてくれたこともあり、東京神田の三省堂書店さんが初めての試《こころ》みとして「学術文庫フェア」を実施して下さることになった。ここで営業的に予想以上の成功を収めたのである。これは私たちにとって思いがけないありがたい出来事だった。

これを切っ掛けに、それからは大手の書店のいくつかも積極的に「学術文庫フェア」などで応援して下さることになり、私も荒川さんと一緒に東京は勿論、関西や九州まで出かけ、書店の方々に学術文庫をよろしくとお願いした。そういうこともあってか、その後学術文庫は販売の面で毎年少しずつプラスに転じ、それなりの黒字を確保出来るようになっていった。

外に目を向けると、そのころ私たちの学術文庫の存在に刺激を受けられたのか、筑摩学芸文庫や岩波現代文庫等の文庫界への参入があったが、私たちとしては競争相手の出現で、出版界に学術書の世界が広がることを歓迎した。

いま思えば、幸いなことに当時はまだ教養主義が出版界や読者の間に生きていた時代であったのか、学術文庫が著者や読者に、そして書店にも素直に受け入れられたようだった。ただ読者はやはり若者よりも年配の方が多かった。

そして、当初冷やかかに見えた新聞や雑誌にも、学術文庫の本が書評や話題の書としてそれまで以上に数多く取り上げられるようになり、「学術は少年の心を養い、成年の心を満たす」

ことを願って出発した学術文庫が完全に確立したのだった。

読者や書店から、そして学者や専門家からも「学術文庫は講談社を代表する出版物だ」と評価されるようになり、高名な学者や文学者の中にも、「毎月楽しみにしています」「私の本もぜひ学術文庫にお願いします」とまで言って下さる方も出てきた。

このような流れの中で私どもは学術書と学術文庫の今後の発展のため、単行本による書き下ろしのシリーズ企画「講談社フィロソフィア」を立ち上げた。これは将来学術文庫に収録できるような財産を自前で少しでも作っておきたいとの思いから、学術文庫の著者の先生方を中心に新たに執筆をお願いして実現したものである。

そして平成5年（1995）に刊行した1作目の木田元先生の『反哲学史』は、これまでにない画期的な哲学書として評判を呼び、多くの新聞や雑誌の書評に取り上げられ高い評価を受けた。

続く2作目の佐伯啓思《けいし》先生の『現代日本のリベラリズム』は、平成7年（1997）の第7回読売論壇賞を受賞し、続いて鈴木一守さんが担当した第3作の佐々木毅先生の『プラトンの呪縛』も平成8年（1998）の読売論壇賞を連続して受賞した。これも学術文庫が長年積み上げて来た地道な成果の一つだと言えるだろう。しかし残念ながらこの「講談社フィロソフィア」は、私の異動とともに中断されたが、その中の幾つかはその後学術文庫に収録され今も健在である。

このように私の学術文庫の二十数年の歴史を振り返ると、文庫の一冊一冊ごとに当時のことがなつかしく思い出され、新たな感慨が呼び起こされる。これも著者の先生、書店や読者の応援があればこそと、あらためて感謝の気持ちでいっぱいである。そしてまた社内にも、学術文庫を温かく見守り応援してくれた先輩や同僚が、そして一緒に頑張ってくれた仲間がいたことを忘れてはならない。そのような人たちがいたからこそ二十数年も続けてこれたのである。

嬉しいことに学術文庫は2015年6月現在、刊行点数も2300点を超えているとのこと。ただ今日の出版界は私が担当していた頃と異なり、かつてないほどの厳しい時代を迎えている。多くの出版社が文庫に参入し、教養主義の衰退があり、少子化に加えスマートフォンや電子ブック等の登場によって若者の本離れが進み、読者の書物に対する考え方も大きく変化し、出版界の状況はますます厳しくなっている。

それでも、最近の学術文庫の旺盛な出版活動を見ていると、学術文庫は若い力で今後も確実に発展していくものと期待し確信している。

Ⅳ　歴史への参画

船長のオディッセー

―船長森勝衛とロレンス・ヴァン・デル・ポスト

昨年（２０１３）の夏は、零戦の設計者・堀越二郎を主人公にした宮崎駿《はやお》監督の「風立ちぬ」の映画が話題を呼んだが、この他にも「終戦のエンペラー」をはじめとして旧作も含め多くの戦争映画が上映された。「戦場のメリークリスマス」もその一つで、これまでに何度も見ているのだが、今回も映画館へ足を運んでみた。そして、また新たな感慨を呼び起こされた。

この「戦場のメリークリスマス」の映画は、作家ロレンス・ヴァン・デル・ポストの著書に着想を得た大島渚監督が自ら脚本を書き下ろし、主役のジャック少佐役にデビッド・ボウイを、また日本軍の捕虜収容所所長のヨイノ大尉役に音楽家の坂本龍一を、さらにハラ軍曹役にビートたけしをといった異色の役者を多数起用し、音楽は坂本龍一が担当し、１９８３年に制作された。

第２次大戦中の暴力と恐怖が支配する悲惨なジャワの日本軍の捕虜収容所を舞台に、日本軍兵士によるイギリス軍捕虜虐待と敵対する日英両軍兵士の激しい対立と憎悪、さらにヨイノ大尉とジャック少佐との間に芽生えた微妙な心の触れ合いを描き、世界的にも広く話題を呼んだ画期的な作品である。

私はこの「戦場のメリークリスマス」という映画の題名を見聞きする度に、戦争を挟み、国を越え、長い年月を跨ぐ二人の男の友情を思い浮かべながら、この映画と私との不思議な縁に思いを馳せるのだ。

五十数年も前になるが、私が熊本の済々黌《せいせいこう》高校の学生であった時、母黌の先輩の講演があるというので講堂に集合した私達の前に、黒い制服制帽に身を固め、白い顎ひげを生やした船長服姿のかくしゃくとした一人の老人が現れた。司会の紹介を受けるとそれが習いなのか、老人は私達に向かって軽く右手を挙げて会釈すると、おもむろに口を開いた。低いが張りのある力強い声だ。

「私はこの済々黌出身の森勝衛《かつえ》であります。済々黌を卒業してから商船大学へ進み、世界の海で働きました。海の男として色々な経験をしましたが、とくに思い出深いのが、船長として日本人として初めてアフリカ航路を開いたことであります。私が今日あるのは、この済々黌で学んだお陰であります。諸君も済々黌と「もっこす魂」を忘れず頑張って下さい」と私達に檄を飛ばした。

「森勝衛」と言う名前は、後に色々なところで何度も見聞きすることになるのだが、講演を聞いた後は、「アフリカ航路を開いた森さん」ということだけで終わってしまっていたが、「森さんと言えば、海の世界ではキャプテン森として知らない人はいないと言われるくらいの伝説的な人で、世界的な作家や映画人とも付き合いのある凄い人だ」ということなど知る由もなかった。

それが思いがけなく突然、森勝衛と言う名前が私の前に大きくクローズアップして来たのだ。

昭和62年の爽やかな秋の日であった。私はロマン主義や幻想文学の研究家として知られる東大の英文学の由良《ゆら》君美《きみよし》先生のお宅に伺った。先生とは学術文庫で『言語文化のフィロンティア』を刊行させて頂き、また朝河寛一の『日本の禍機』や杉山茂丸の『百魔』の企画などでお世話になっていたので、時間があると先生から色々なお話を伺うのが楽しみで、よくお宅にお邪魔させて頂いていた。博覧強記の先生は専門の英文学はもちろん、内外の古典から現代の文学、東西の哲学や歴史、また演劇や映画なども詳しく、時代を越え洋の東西を越える話はいつも興味深く、気がつくと数時間も経っていることもしばしばだった。

その日はたまたま当時話題を呼んでいた映画「戦場のメリークリスマス」の話になった。先生はいつものようにパイプを吹かしながら、「あの『戦場のメリークリスマス』ですが、大島監督が着想を得たのがイギリスの作家ロレンス・ヴァン・デル・ポストの『影さす牢格子』や『種子と蒔く者』等の作品です。それらの作品は私が翻訳しました」とさりげなくおっしゃった。

当時私はまだ「戦場のメリークリスマス」の映画も見ておらず、まして『影さす牢格子』などのポストの作品は一つも読んでいなかったので、由良先生が翻訳をされていたことなど全く知らずにいた。私はそれを聞き、驚くと同時に恥ずかしくなった。

そしてさらに驚いたことに、ポストがこれらの作品を書くに当たって、なんと母竇のあのキャプテン森勝衛先輩が深く関わっていたというのだ。一体作家ポストとキャプテン森との間にどんな関係があったというのだろうか？

先生は話を続けられた。

ロレンス・ヴァン・デル・ポストは１９０６年、オランダの血を引くボーア貴族の子として南アフリカに生まれた。子供の頃は家庭教師に教育を受け、その後グレイ・コレッジで教育を受けた後、1925年「ナタール・アドバイザー」紙の記者となった。彼は詩人ウイリアム・ブルーマーと親交を結び、南アフリカの最初の文芸誌「フォールスラッハ」の編集に作家ロイ・キャンベルとともに携わった。

当時南アフリカでは、ボーア人が黒人や黄色人種に対してアパルトヘイト（人種隔離政策）を強力に推し進めていたが、ポストはこれに一貫して反対の立場を取っていた。日本人に対しても当然大きな人種差別があり、日本の海運界はこの地アフリカへ進出することを強く希望していたが、なかなか打開策を掴めずにいた。この困難な状況の中を日本人として初めてアフリカ航路を開いたのが、若き日の「かなだ丸」の船長森勝衛だった。

この時、森船長がたまたま寄港先のダーバンで出会ったのがロレンス・ヴァン・デル・ポストと詩人のウイリアム・ブルーマーである。ポストはその時の森船長の印象を「両の瞳には精気がみなぎり、知性と、不敵な挑戦の気味がみられた。いまわたしが面と向かっているこの男。この男は並はずれて複雑で矛盾した性格を備え、果断で断固とした男なのだが、その性格の厳しさの底には、きっとまるで大きな子供のような無邪気さを宿している男なのだということが、わたしには、もう勘でわかった」（『船長のオディッセー』）と述べている。

初めて会ったにもかかわらず二人とすっかり意気投合した森船長は、独断で二人を「かなだ丸」で日本に連れ帰り、彼等に日本と多くの日本人を紹介した。当時森船長35歳、ブルーマー22歳、ポストはまだ若干19歳の若者であった。この時から3人の間に、由良先生が言う「莫《ばく》逆《ぎゃく》の友情」が生まれたのだった。

ブルーマはそのまま2年間日本に滞在したが、ポストは2カ月ほど滞在した後、森船長の「かなだ丸」で南アフリカに帰国した。これを契機にポストは日本について幾つかの記事を書き、以後ポストの脳裏には日本が深く印象付けられていった。特に森船長とポストの仲はますます深まっていったが、第2次大戦争の勃発で二人は音信不通の関係にならざるを得なかった。

森船長に捧げるポストの力作

戦争中ポストはイギリス陸軍に入隊し、アフリカの各地を転戦した後、東南アジアの各地で日本軍に対しゲリラ戦を展開、指揮していたが、日本軍の捕虜となりジャワの捕虜収容所で3年半を過ごすことになった。この時、ポストが戦場で日本の兵士と出くわした際、「マコトニオソレイイリマスガ、シバラクオマチクダサイマセンカ」と日本語で話しかけて日本兵を驚かせたと言う。

この捕虜収容所での日本軍兵士による過酷なまで

の仕打ちや悲惨な体験を基に描いたのが、映画「戦場のメリークリスマス」の原作となった『影さす牢格子』や『種子と蒔く者』などの作品である。

捕虜収容所で受けたあまりにも残酷、非道な体験にもかかわらず、戦後もポストの日本と日本人に対する見方は変わることはなかった。そして途絶えたキャプテン森の消息を必死に探し求めたという。

なぜこれほどまでにポストの日本に対する想いは深かったのだろうか。これに対しポストは、「自分が若いころ、毅然としたキャプテン森をはじめ多くの日本人が未知なるものへの眼を開かせてくれたからだ」と言っている。そしてポストは、二人の友情の証として後にキャプテン森に捧げる『船長のオディッセー』という作品を著したのである。

由良先生は「この作品が文学的に優れていることは勿論《もちろん》ですが、私はポストとキャプテン森の友情に惹かれて『船長のオディッセー』も訳しました。いつも男らしく毅然としたキャプテン森と、剛毅で思索的で感性豊かなイギリスの作家ポストのお二人にもお会いしました。ポストが来日した時、東大で学生相手に講演をお願いし、大変な反響を呼びました。これがその訳本です」と言って一冊の本を差し出された。青い海の色のカバーに白字で『船長のオディッセー』と描かれたタイトル文字が、どこか海へのロマンと郷愁を誘うおしゃれな本である。本を開くと巻頭に「森勝衛船長に捧げる」とのポストの献辞が書かれている。

先生の話に森という名前が出た当初は、森があの時の森勝衛先輩だとはすぐには結び付かなかったが、話を聞くうちに五十数年前の船長服の森先輩の姿が頭に浮かび、『船長のオディッセー』の主人公のキャプテン森こそ、あの時の森勝衛先輩だと確信した。

そこで先生に、「キャプテン森は私の母黌の大先輩です。私は高校生の時、船長服姿の森さんの講演を聞いたことがあります」と言うと、「え、そうですか、森船長は池永さんの高校の先輩ですか」と驚ろかれたようだった。先生はそれを聞くとより親しみを感じられたのか、ポストと森の仲をさらに詳しく話して下さった。二人のアフリカでの初めての出会いから莫逆の友情が生まれ、その友情が過酷な戦争を経ても壊れることなく何十年も続いているということを。

私はロレンス・ヴァン・デル・ポストが生涯の友というキャプテン森について改めてもっと知らなければいけないと思った。

幸いなことに森については、１９７５年（昭和50年）日本海自広報協会から出版された『キャプテン森勝衛 ― 海のもっこす70年』という本がある。早速あちこちの古書店にあたり、１冊を手に入れて読んでみた。

ポストもこの本の巻頭に、「50年前の運命的な不思議な出会いから生まれた友情が今日まで続いているのは、キャプテン森がいたからです」という「五十年の友情」という一文を寄せている。

森は1890年（明治23年）熊本県桜井村（現熊本市北区植木町）に生まれた。済々黌中学を経て、当時誰もが憧れた海軍兵学校へは進まず東京の商船学校に入学し、卒業後は海運界へ進んだ。1926年、「かなだ丸」の船長として初めてアフリカ航路を開き、ロレンス・ヴァン・デル・ポスト等と出会う。その後もニューヨーク航路、南米航路等の船長を歴任。つねに日本人船長としての気概と矜持《きょうじ》を持って世界の海で活躍し、戦後は日本海運界の長老として海運界に貢献した。

読むほどに、いま時日本にこんな人がいたのか、こんな先輩がいたのかと感服し圧倒されてしまった。森船長は海の上でも、陸の上でも常に日本男児としての誇りを持ち、毅然《きぜん》として生きる、まさに男の中の男であった。それは熊本人ならではの男らしい「もっこす」の生き方でもあった。

そして１９８７年、由良先生の訳でポストの『船長のオディッセー』の日本版が刊行されたのである。この本の出版を祝って東京で開かれた祝賀会にポストもイギリスから駆け付け、キャプテン森と感動の再会を果たしている。

私は国を跨《また》ぎ、戦争という不幸な時代を越えて50年も続く二人の友情の深さに心打たれた。そして『船長のオディッセー』に描かれるほど毅然として生きたキャプテン森がいたからこそポストの『影さす牢獄』や『種子と蒔く者』などの作品が生まれ、映画「戦場のメリークリスマス」も制作されたことを思うと、運命ともいえる南アフリカでの二人の出会いが、その後誰もが予想も出来ない展開となり、歴史になったことにあらためて感銘した。

と同時に、キャプテン森とポストと由良先生の関係が私にも極めて身近に感じられ、自分の事のように嬉しく、誇らしく思えて来たのだった。

でも残念ながら、キャプテン森は１９８９年に99歳で、由良先生は１９９０年に、そしてロレンス・ヴァン・デル・ポストは１９９６年に逝ってしまわれた。

独行道 ― 武蔵の気概と覚悟

まよひの雲の晴れたる所こそ、実の空としるべき也。
空を道とし、道を空と見る所也。

これは武蔵の『五輪書』の「空の巻」に記された武蔵の兵法の神髄とも言える言葉である。武蔵はこの「万理一空」の境地に達するまで、「千日の稽古を鍛とし、万日の稽古を錬とする」朝鍛夕錬の厳しい稽古と、生命を賭けた多くの真剣勝負に勝ち抜き、さらに精神の修行に励んで得た兵法の極意である。

誇るでもない、驕《おご》るでもない、達人ならではの武蔵のこの言葉。もはや何の説明もいらない。なんと透明で、研ぎ澄まされた空の境地であろうか。武蔵はまさにこの極意によって他の誰も及ばぬ我が国最高の剣士として広く世に知られて来た。今、熊本の島田美術館にある大小２つの刀を手に持ち赤い陣羽織を着た武蔵の画像を見ると、画像とはいえ道を究めた者ならではの底知れぬ迫力が迫ってくる。

熊本生まれの私にとって、武蔵は子供の頃からいつも身近な存在であった。熊本では剣道も盛んで武蔵の名を冠した剣道大会や武蔵関係の行事がしばしば開かれていたし、武蔵に憧れた私は、高校生になると『五輪書』を読み、霊巌洞《れいがんどう》や武蔵塚を折に触れ訪ねたりした。

そして、いつも思っていた。『五輪書』は、己の全《すべ》てを剣に賭けた武蔵だからこそ成し得た、まさに兵法の最高の書である。それだけに多く兵法者が武蔵に憧れ、武蔵の兵法の極意に迫りたいと思ったことだろう。でも、恐らく大半の者が修行の道半ばで断念したに違いない。なぜなら、道を志す兵法者は武蔵のように己の全てを賭け、死をもいとわぬ過酷な修行に耐え得る強靭な精神と肉体がなければならないからだ。

では、武蔵だけがなぜ誰もがなしえぬあれほどの厳しい修行に耐え、道を極めることが出来たのか。この極意に達するまで、武蔵はいかなる心構えで修行に励んで来たのか。私は、長くその謎を知りたいと思っていた。

幸いなことにその謎に迫る手掛かりは、意外に身近なところにあった。それは武蔵が死ぬ7日前に書いたという「独行道《どっこうどう》」である。この「独行道」こそ、武蔵の気概と覚悟を窺い知ることが出来る最高の書と云える。

この書は兵法の書『五輪書』とは異なり、武蔵の日常の心構えが平易な言葉で簡潔に説かれているが、武蔵が求めた兵法の極意もこの「独行道」の精神で修行に励んだからこそ会得出来たのではないかと思うのだ。

いま「独行道」を読むと、その21条の言葉の一つ一つが、武蔵ならではの圧倒的な迫力を持って私たちに迫り、思わず身を正さざるを得なくなる。そしてこの「独行道」こそ私たちが今を生きる上での極意ともいえる最高の指南書とも云えるだろう。

では武蔵は、「独行道」で何を説いたのだろうか。

独　行　道

一、世々の道をそむく事なし
一、身にたのしみをたくまず
一、よろずに依古の心なし
一、身をあさく思、世をふかく思ふ
一、一生の間よくしん（欲心）思はず
一、我事《われ》におゐて後悔をせず

一、善悪に他をねたむ心なし
一、いづれの道にもわかれをかなしまず
一、自他共にうらみかこつ心なし
一、れんぼ（恋慕）の道思ひよるこゝろなし
一、物毎にすき（数奇）このむ事なし
一、私宅においてのぞむ心なし
一、身ひとつに美食をこのまず
一、末々代物《しろもの》なる古き道具所持せず
一、わが身にいたり物いみする事なし
一、兵具は各（別）、よ（余）の道具たしなまず
一、道においては死をいとはず思ふ
一、老身に財宝所領もちゆる心なし
一、仏神は貴し仏神をたのまず
一、身を捨《すて》ても名利はすてず
一、常に兵法の道をはなれず

正保弐年
五月十二日

新免武蔵
玄信（在版）

簡潔かつ平易な言葉で語られる「独行道」。でもその一つ一つの条に込められた武蔵の覚悟が言葉以上の重みを持ち、武蔵がいかにすごい修行をしてきたかを教えてくれる。ここでその幾つかの条を取り上げて考えてみたい。

これら21条の中でもっとも世に知られた言葉が次の条である。

我事におゐて後悔をせず

何と凄い言葉であろうか。武蔵は何のてらいもなくきっぱりと言い切る。「我事におゐて後悔せず」と。

説明はいらない。武蔵の悟りきった覚悟のほどが窺《うかが》え、この条を一読するだけで私たちは、一瞬にして武蔵には絶対に及ばないことを悟らされる。

私たちは毎日が後悔の連続である。朝起きてから夜寝るまで、ああすればよかった、ああしなければよかったと思い、後悔し、その度ごとに忸怩《じくじ》たる思いに駆られる。それなのに武蔵は後悔しないと言う。一度あったことは、なしたことは、結果がどうあれ、何があっても絶対に後悔しないと言うのだ。武蔵の言うとおり、確かに過ぎたことを思っても、何にも生み出さない。私もそう思い、そうありたいと願うが、いつも後悔の連続だ。

この条は、吉岡一門や巌流島での佐々木小次郎などとの数々の生命を賭けた真剣勝負を勝ち抜き、厳しい修行に耐え抜いた武蔵だからこそ言える言葉なのだ。この言葉には、兵法者としての真実が籠《こも》っている。私たちとは生きる世界が違うのだ。武蔵が私たちに「生きるとは何か」を教える凄い言葉である。

さらに続けて武蔵は言う。

仏神は貴し仏神をたのまず

この言葉の持つ意味は深い。私たちは日頃それほど信じてもいないのに、何かと言えば神様、仏様にすがり、お願いし、頼る。試験に受かりますように、勝負に勝ちますように、いい相手と出会えますように、健康で暮らせますようにと。それもほとんどが我ままな、身勝手なお願いばかりで。でも私たちは、日常それが至極当たり前の、当然のことだと思って生きている。

それに比べ、剣に生きる武蔵は仏神を頼まずと言う。明日の生命が分からない武蔵には、仏や神を頼りにする必要はなかった。いや、頼むということさえ考えもしなかったに違いない。

それでは、武蔵は何にも頼りとしなかったのだろうか。私が思うには、頼るのは、それは自分自身しかなかったのではないか。武蔵は仏神を尊いものと考えたが、決して仏神を頼りにはしなかった。武蔵の兵法の極意は、まさに仏神を頼まず己のみを信じて道を切り開いたところから生まれたのだから。

続けて武蔵は言う。

道においては死をいとはず思ふ

仏神を頼まず己に生きる武蔵には、剣の道で死ぬことも厭《いと》わないと言う。まさにこの条に武蔵の覚悟の程が窺える。兵法者が死を気にしていては、剣に生きることは出来ない。それに比べ武蔵ほどの過酷な求道の生き方が出来ない私たちは、死を恐れ、死を考えないほどの強さを持ち合わせていない。むしろ死について考えることを避けているのかも知れない。死は必ず来るにしても、あくまでも遠い先のこととして捉えているのが普通ではなかろうか。

でも武蔵は、死を特別なものとは考えない。死は生きることと同じだと捉えるのだ。兵法修行の日々を生きる武蔵にとって、死はあまりにも身近なだけに死を恐れることはないと言う。私たちとは生きている世界が違うのだ。

それ故《ゆえ》に武蔵は、

れんぼ（恋慕）の道思ひよるこゝろなし

と、恋慕に心を動かすこともない。明日の命さえも分からぬ兵法者は、寸暇を惜しんで修行に励まなければならない。修行の道にあっては他の事に気を取られている暇などない。

まして女に心を寄せることなど一瞬たりとも絶対にあってはならない。女に気持ちが動けば心に隙が出来る。そこに生への執着が出てくる。女は修行の邪魔にこそなれ何の益にもならないと言うのだ。武蔵には恋慕は全く意味をなさなかった。武蔵は徹底的にこれを無用と見なしたのである。

何という強い心であろうか。人であれば異性に心がときめき、性の衝動に突き動かされるのはごく自然のことであるだろうに。それなのに武蔵は恋慕を思う心はないと言い切っている。いや、あえてそう思いたかったのかもしれない。武蔵のように精神的にも肉体的にも千日、万日の修行に耐え得る頑強な男であれば、恋慕を求める気持ちも、また性の欲求も当然人並み以上に強かったはずだ。

それなのに武蔵には恋慕に思いよる気持ちはないと言う。武蔵には恋慕を乗り越えることが、道を極めるために絶対必要な兵法修行の一つだったに違いない。武蔵だからこそ言える言葉なのだ。

このような武蔵の強さはどこから生まれたのだろうか。それは兵法者武蔵が煩悩を乗り越えて、真の孤独に生きる道を選んだからではないだろうか。

孤独に生きる武蔵は、それ故に

いづれの道にもわかれをかなしまず

と言う。明日の生命をも知れぬ武蔵には、死はあまりにも身近であった。若い時から真剣勝負に直面し、数多くの死に直面した。親しい人との別れも数多く経験したことだろう。見聞きもしただろう。でも武蔵にはそれは日常のごく当たり前のことに過ぎず、どんな場合にも別れを悲しんでいる暇はなかった。

夫婦であれ、親子であれ、恋人同士であれ、どんな親しい人とであれ、必ず別れが待っている。そうであれば、人はいついかなる時も孤独なひとりの人間である。ひとりで生きるしかない。それを知っていたのが武蔵だった。武蔵が人との別れに際して悲しまなかったのは、兵法者として真の孤独に生きるしかないことを自覚していたからであろう。そしてまた武蔵は最後の条で言う。

常に兵法の道をはなれず

と。武蔵はどこまでも兵法者であった。この条に正に最後まで兵法の道を一時も離れることがなかった武蔵の気概と覚悟が伺えるのである。

このように「独行道」21条の一つ一つに武蔵の気概と覚悟が満ちており、読めば読むほど武蔵の強靭な精神が胸に迫ってくる。

ただ武蔵は道を求める偉大な兵法者ではあったが、その前に私たちと同じように生きることに悩む一人の人間でもあった。それだからこそ己を切り捨て、人間としての弱さを苛酷な修行で乗り越えた武蔵に人々が惹かれる所以《ゆえん》も、そこにあるに違いない。

戦後の蘇峰―『終戦後日記』の編集を通して

平成25年（２０１３）は蘇峰生誕１５０年の年である。

私が初めて蘇峰という名に接したのは、昭和27年、熊本へ最後の帰省をした蘇峰を写真入りで報じた新聞記事を眼にした小学生の時である。長い杖を手にした白髪の蘇峰の姿が、なぜか今も鮮明に記憶に残っている。ただ、この白髪の老人が日本の近代化と極めて深い関係があった大言論人だとは当然のことながら知らなかったし、また後に私が蘇峰の最後の本の編集に関わることになるなど思いもしなかった。

我が国の言論界、マスコミの歴史を見るとき、明治、大正、昭和の三代にわたり蘇峰ほど我が国民を鼓舞し、日本の興亡に大きな影響を与えた言論人はいないだろう。彼の言論人としての生涯は、まさに明治から昭和にかけての近代日本の発展とともにあったが、同時にそれは日本の歴史がそうであったように誠に波乱に満ちたものであった。なかでも昭和20年の敗戦は、蘇峰がそれまで築き上げて来た全《すべ》ての敗北を意味したのだった。

では言論人蘇峰は、戦後をどう生きたのであろうか。

蘇峰は文久3年（1863）熊本県上益城郡杉堂村（現益城町）に生まれた。父は横井小楠の高弟として知られる徳富一敬、母は久子である。5年後に弟の健次郎（蘆花）が生まれている。母久子は小楠の後妻となった津世子の姉であることなどから、蘇峰は生まれながら小楠の大きな影響の下に育ったといえる。

9歳で熊本洋学校に入学した蘇峰は、花岡山バンドの結成にも横井時雄（後に同志社大学総長）等と参加した。その後同志社に進み新島襄の教えを受けるが、20歳の年に熊本に帰り父一敬の大江義塾を手伝う。

明治19年「将来之日本」を発表し、その年、大江義塾を閉鎖し一家で東京へ転居する。翌20年民友社を設立し「国民之友」を、続いて23年に「国民新聞」を創刊し、平民主義を唱え青年層に圧倒的に迎えられ時代の寵児となった。

しかし、明治30年松方内閣の参事官に就任し、また桂太郎のブレーンとなるなど政治の世界にも進出したことで変節漢と非難され、明治38年には国民新聞社も焼き打ちに遭う。

その後蘇峰は皇室中心主義を唱え、時流に乗って言論で指導的な役割を果たすとともに、貴族院議員、評論家、歴史家として活躍。大正7年に畢生《ひっせい》の『近世日本国民史』の執筆を開始し、学士院恩賜賞を受ける。戦時中は大日本文学報告会会長、大日本言論報告会会長として戦意高揚のため活躍。昭和18年には文化勲章を受章するなど常に時代の主流を歩み続けた。そして昭和20年8月15日、日本の敗戦を山中湖湖畔の双宜荘《そうぎそう》で迎えた。

玉音放送を聞くや、蘇峰は早くも敗戦の3日後の8月18日から「頑蘇《がんそ》夢物語」の口述を始めた。また蘇峰は自らの戦争責任を明確にするため、毎日新聞社賓、言論報告会会長など全《すべ》ての役職を辞退した。9月、自らの戒名を「百敗院泡沫頑蘇居士《ひゃっぱいいんほうまつがんそこじ》」と記し、熱海の晩晴草堂《ばんせいそうどう》に移った。10月には『近世日本国民史』の執筆を中止し、さらに貴族院議員、文化勲章など一切の公職、栄誉を辞退した。12月、A級戦犯に指名されるが、三叉神経痛のため巣鴨に収監されず自宅拘禁となったが、昭和22年戦犯を解除された。

蘇峰の戦後は日々、日本の戦争敗北の責任を追及することであった。これを率直に語るのが平成18年（２００６）に刊行された『終戦後日記 ― 頑蘇夢物語』（講談社）である。この本は蘇峰が「自分の死後１００年経ってから出版するように」と孫の敬太郎さんに生前堅く言い残して柳行李《やなぎこうり》に保管されていた墨で書かれた原稿を、「戦後60年も経過したので蘇峰の名が人々の記憶にある今のうちになんとか本にして残しておけないだろうか」という敬太郎さんからのたっての相談を受け、私が編集に関わることになったものである。

本書で蘇峰は、今度の戦争敗北の責任はなによりも次の三者にあると言う。「まず何と言っても最大の責任者は天皇である。次に陸海軍首脳の腐敗と堕落である。さらに近衛文麿、木戸幸一、東条英機などの指導者の責任である」と。

皇室中心主義の蘇峰にとって、これまで絶対の存在であった天皇を最大の戦争責任者として第一番に挙げているのは、この戦争に於ける天皇の言動への失望と不満であった。日清、日露戦争時には、明治天皇の「聖断」を首相も陸海軍首脳も頼りにしたし、また明治天皇は自ら広島の大本営に赴き軍の陣頭指揮をされたではないか。それに比べ昭和天皇は、大東亜戦争の開戦に当たっても超然としておられ、「聖断」を下すこともなく、皇居から出られることもなかった。そのことが開戦後、陸海軍の不統一行動を招き、結果的に日本を敗戦に導くことになったではないかと批判したのである。

そしてまた今度の敗北は、絶対不敗と信じていた皇軍への信頼が完全に裏切られたことで、陸海軍幹部の無能と責任はあまりにも大きいと非難した。

さらに戦争遂行に当たった近衛、木戸、東条等の政府首脳者たちが無能力、無責任であったことは、言うまでもないことであった。ただ東条に関しては、蘇峰はなぜか「世間は東条を悪玉」とみているが、彼の戦争責任は重大ではあるが、決して心からの悪党ではないと弁護している。

これに続けて蘇峰は、今度の敗戦は日本国全体を自分も買い被ったことにあると言っている。「余が一生の大失策は、日本国民を買被ったことである。日本の軍部を買被り、日本の高貴の方面を買被り、上流社会を買被り、日本国全体を買被ったのであって、日本国民の一人として、予自ら予を買被ったのではないかとも、思うほどである」と述べ、自分自身を含め日本国民を買い被り、日本国全体について認識の甘さがあったと告白している。

敗戦直後にこれだけのことを言わずにおれなかったのは、「日本の歴史始まって以来の大戦であったのに、なぜ天皇も政府も軍も大言論人たる自分を疎外し、蚊《か》帳《や》の外に置いたままであったのか」と自分が無視されたことに、大きな不満と怒りを抑えきれず心情を吐露せずにはいられなかったからであろう。

徳富蘇峰
終戦後日記
『頑蘇夢物語』
明治・大正・昭和を通じて活躍した言論人で歴史家、
徳富蘇峰が終戦直後から綴った日記を初公開。
無条件降伏への憤り、昭和天皇への苦言から
東條、近衛ら元首相への批判と
大戦の行方を見誤った悔悟の念を赤裸々に明かす。
第一級史料を発掘!
現代によみがえる
国家・国民への真摯な批判
講談社
敗北の責任を問う終戦後日記

確かに敗戦後とはいえ、本書を「自分が死んだ100年後に発表するように」と蘇峰が言い残し

たのも、当時の世相の中では蘇峰としてもさすがにやむを得ない言葉であったかもしれない。

それでも蘇峰は、昭和22年3月、A級戦犯にされた東京裁判に当たり提出した「日本がついに百計つきて今日に至った道程を語った宣誓供述書」が感情的として却下された時、激しい言葉で次のように反発している。

「感情といえば、却って検察官が感情に駆られている。彼等は日本を、世界征服の一大陰謀団であるかの如く判断を下し、また日本国民を暴虐無道、ただ自国の利を計って他を顧みざる者となし、それを証明するために、あらゆる事実を引き来たって、その罪案を作りたてたるものである」と東京裁判の不当性を激しく弾劾している。

今日、東京裁判の正当性が問題視されているが、裁判当時、早くも蘇峰はこの裁判の不当性を問題視したのは、時代を見る言論人としてさすがであると言わなければならない。

さらに昭和23年に出版した『敗戦学校・国史の鍵』では、敗戦を迎えた日本人の特性について、「日本の歴史に於いて、我等は国民的に敗戦し、国家的に敗戦し、今や強制的に敗戦学校のせいとたる義務を、負わねばならぬこととなった。敗戦学校の生徒なら何故《なぜ》に敗戦学校の生徒になったか。それは、国民が精神的に、虚脱状態に陥ったからである。我が国民性に大なる欠陥があった為である。それは、己を知れといふ事が、敗戦学校の生徒たる我等の、第一の課題であらねばならぬ」と、日本人の国民性に大きな欠陥があったと述べている。

続いて昭和27年に講談社から『勝利者の悲哀』を発表し、「この戦争は元はと言えば、アメリカが日本についての理解が浅く、日露戦争に勝利した日本を警戒するあまりそれまでの日本への友好的態度を中国重視に変え、敵対するような対日政策を取り続けたので、やむをえず日本は戦争に突入したのである。戦に勝利したアメリカは憲法9条などで日本を押さえこんだが、そのために日本を守らなければならなくなったではないか」と、戦争の原因は日本だけの責任でなくアメリカの対日政策にも大いに問題があったと批判した。

確かに蘇峰が言うように、戦争後のアメリカの対日政策は矛盾だらけである。特に朝鮮戦争の勃発で新憲法の下に警察予備隊を発足させ、憲法第9条の戦争の放棄との兼ね合いは今日まで日本の国論を二つに分けるほどの大きな問題となっている。

なお蘇峰は昭和26年に、中断していた畢生の『近世日本国民史』第98巻「西南の役両面戦闘篇」の執筆を再開し、最終巻の１００巻「明治時代」も翌27年に完成させている。

このように戦後も旺盛な言論、執筆活動を続ける蘇峰に、「戦意を高揚し国民を戦争に導いた国粋主義者、戦争犯罪人」として容赦のない厳しい非難の言葉が浴びせられた。マスメディアをはじめ、言論界や知識人の多くが戦前の蘇峰の言動を批判し、時代に迎合した変節漢として蘇峰を非難した。

また学者の中には、蘇峰の著書や言論を論文等に利用しながらも、蘇峰を無視続ける者もいた。私が学生であった昭和40年頃も、マスメディアや学会で蘇峰を取り上げることは、なぜかタブー視されていた。それだけ蘇峰に向けられた戦後の空気は極めて厳しいものがあった。

しかし、国民全てが非難した訳ではなかった。『近世日本国民史』の著書をはじめ、明治、大正、昭和の三代にわたる言論人としての歴史的役割と存在を認め、蘇峰の歴史を見る眼の確かさ、視野の大きさを評価する吉川英治や三島由紀夫などの著名な作家や知識人、学者も少なくなかった。その一人である芳賀徹《はがとおる》は司馬遼太郎『酔って候』の解説の中で蘇峰を次のように絶賛し、高く評価している。

「徳富蘇峰は、五十六歳の年から着手して敗戦後九十歳の年まで、一世紀近いその生涯の半分を捧げて『近世日本国民史』百巻を書きあげた。織田豊臣の時代から明治まで三百余年のナショナル・ヒストリーが、壮大で生彩溢れるパノラマとして描き出されたのである。蘇峰はこの畢生の大著のなかに、既刊の史料を活用したのはもちろん、自分で発掘し蒐集した貴重な史料や聞き書きを惜しげもなく投げこんで、それらを自分の強靭な史眼で貫き、識見によって深め、骨太なたくましい叙述のうちに各時代各政権各事件の性格をみごとに浮彫りにしてみせていた。近世日本通史の記述として、それは大ジャーナリスト蘇峰の視野の広大さ、史眼の闊達さを証明することがらでもあったのである」と。

また渡部昇一《わたなべしょういち》は、「真の戦闘者・徳富蘇峰」に於いて、蘇峰の言論人、歴史家としての功績を高く評価している。「中でも蘇峰の『近世日本国民史』は、誠に驚くべき歴史である。史料的にも内容的にも他に類を見ない誠に優れた歴史書であり、それは、間違いなく日本が世界に誇ってもよい著述の一つである。自分は学生の時にすでに50巻を買って愛読した」と言っているほどである。

昭和27年、90歳の年、『近世日本国民史』最終巻の「明治時代」を書き終えた蘇峰は、熊本へ最後の帰郷をはたした。私が初めて蘇峰の名を記憶したのは、今にして思えばこの帰郷の時であった。

続く昭和28年に蘇峰は『源頼朝』を刊行し、翌29年には『三代人物史』に取り掛かるなど、昭和32年11月、95歳で逝去するまで旺盛な言論・執筆活動を続け、生涯の著書は３００冊余を数える。

私は若い頃から蘇峰の『吉田松陰』や『勝利者の悲哀』など著書の幾つかを読んだりはしていたが、蘇峰についてそれほど特別な関心を持つほどではなかった。むしろ当時の風潮もあり、蘇峰を保守思想家の一人として見ていたにすぎなかった。それが編集者として蘇峰の『読書九十年』や『近世日本国民史』等の学術文庫や、蘇峰の最後の著書となった『終戦後日記―頑蘇夢物語』の刊行に携わることとなり、そこであらためて蘇峰の時代を見る眼の確かさ、視野の広さ大きさに驚いたのだった。

それからは積極的に蘇峰の著書や論文に目を通し、熊本の大江義塾の跡や山中湖畔の双宜荘を訪ねたりした。また孫の敬太郎さんから生前の蘇峰についていろいろな話を伺い、蘇峰の実像を知れば知るほど蘇峰への思いが深くなり、郷土の偉人、言論人蘇峰の大きさを再認識したのだった。

蘇峰の評価については今日なお意見が分かれるところだが、生誕150年を迎えた今こそ蘇峰を歴史的に問い直すいい時ではないかと思う。

V　学術編集者の道を歩んで

私は小学5年生の春休みに、近所の年上の遊び仲間たちと相撲の取組中足を骨折し、2ヵ月弱学校を欠席した。今と違いテレビもゲーム機もない時代だったので、退屈しのぎといえば、ラジオと本だった。ラジオからは夕方になると新諸国物語の「笛吹童子」の番組が、また「尋ね人の時間」になると「昭和20年頃、満州ハルピンに住まわれていた○○さん…」などという声が毎日流れていた。

ラジオとともに楽しみだったのは、少年雑誌と本だった。他にやることもないので、少年漫画の他に父が買ってくれた子供向けの本を片っ端から読んだ。『怪盗ルパン』や『巌窟王』、『ガリバー旅行記』や『15少年漂流記』などを布団に寝ころびながら手当たり次第に読み漁った。デュマやスイフトなど外国の著名な作家の名を覚えたのもその頃であった。

日本の作家の本も何冊も読んだ。宮沢賢治の『風の又三郎』や江戸川乱歩の『怪人二十面相』などを夢中で読んだ。中でも何度も読み返したのは竹山道雄の『ビルマの竪琴』だった。それだけに後年、学術文庫の『昭和の精神史』や『歴史的意識について』などの企画で竹山道雄先生にお会いしたときは、感激で胸がいっぱいになった。

その頃父の本棚には、森鴎外や夏目漱石の本が、吉川英治の『三国志』や『宮本武蔵』が、また岩波文庫や岩波新書、また「日本文学全集」や「世界文学全集」など、いろいろの本が雑多に並んでいた。でもその時は書名を見ただけで難しそうな感じがして読むまでにはいたらなかった。ただ今思うと、私が本への関心を抱くようになったのは、多分その頃からであったような気がする。

中学、高校と進むにつれ小説のみならず歴史やノンフィクションなどの一般書にも関心が広がり、アトランダムにいろいろな作品を興味深く読むようになった。『連合艦隊の最後』や『大空のサムライ』などの戦記物や、当時人気のあった白戸三平の『忍者武芸帳』などの漫画を面白く読んだのもこの頃である。

郷里の熊本は、歴史的にも思想的にも、そして文学的にも日本の近代をリードした偉大な思想家や文学者を多数輩出し、関係の深い文学者も多い。横井小楠を始め、宮部鼎蔵や宮崎八郎、井上毅、また徳富蘇峰や蘆花などの名前は子供の頃からよく耳にしていたし、五高の英語の先生であった小泉八雲や夏目漱石の名前も人々が折に触れ口にしていたこともあり、八雲の『怪談・奇談』や漱石の『坊っちゃん』や『草枕』など2人の作品も幾つか読んだ。

また、剣豪宮本武蔵は熊本ではあまりにも有名で、学校の休みになると武蔵が悟りを開いたという金峰山山麓の「霊厳洞」を訪ねたり、明治10年の西南の役の激戦地「田原坂」へも自転車で何度か訪れたりしたことなどが、私が歴史への関心を持つきっかけにもなったように思う。

そうした記憶が何時も頭にあったことも、後に学術担当の編集者となってから宮本武蔵の『五輪書』や、小楠の『国是三論』、また蘇峰の「近世日本国民史」や『終戦後日記』などの企画に繋がったのかもしれない。

そしてまた、時折父が買ってくる月刊誌の「文藝春秋」などを読んで、現代社会の色々な問題や日本の歴史、文学方面等にも関心が出てきた。中でも「文藝春秋」の最終頁にある「社中日記」の編集者の短いコメントが面白く、毎回楽しみであった。そして将来、自分も編集者として本に関する仕事が出来たら面白いだろうなと思ったりした。

大学を卒業した後、出版社の講談社に入社することが出来た。編集者になるという夢が現実になったのだ。そして編集者として仕事をするなら、雑誌なら『月刊現代』や『週刊現代』等の編集部、書籍ならノンフィクション部門などの大人の本の出版部だと思っていたのに、配属されたのは、なんと少女雑誌「少女フレンド」の編集部であった。当時「巨人の星」や「あしたのジョー」が大人気の男の子向けの「少年マガジン」ならともかく、なんで私が少女雑誌の編集部にと思った。

確かに講談社は文芸書や学術書専門の出版社と異なり、大人から子供までの書籍や雑誌を数多く出版している総合出版社なので色々な部門があることは知っていたが、まさか自分が少女雑誌の編集部にとは夢にも思わなかったので本当に驚いた。まして、これまで目にお星さまが光る少女漫画など見たことも読んだこともなかったので、これから先どうしようかと戸惑うばかりだった。それは編集の内容や仕事についてと言うよりも、少女雑誌に自分自身をどう納得させるかという気持ちの問題が大きかったように思う。

その頃は少年、少女雑誌は、ほとんどが口絵と記事と漫画の３つで構成されていたので、私も先輩に連れられて取材のためにテレビ局や劇場に出入りしたり、今まで縁のなかった芸能人の撮影に立ち会ったり、少女漫画家とプロットの打ち合わせをしたり、記事について作者と取材に出かけたりしているうちに、色々な編集作業の基礎を学ぶことが出来て、次第に少女雑誌の編集という仕事にも慣れていった。また自分が担当した「金メダルへのターン」の漫画がテレビ化されたりしたこともあり、それなりの面白さも感じるようになっていった。それでも人事課の希望部署調査には、いつも大人の雑誌か書籍希望と書いたが、何年もなんの変化もなかった。

それが突然、昭和51年の人事異動で学術局へ異動することになった。当時、学術局は発足して間もない部署で、学術書の単行本のほかに「大漢和辞典」や「都留重人全集」「中山一郎全集」「中国の歴史」などの大型企画が進行していたが、私が担当することになったのは、私の異動と時を同じくして創刊された「講談社学術文庫」であった。その時から私は二十数年にわたり学術文庫と係わることになったのである。

学術局に異動して、これまでの日常は一変した。編集作業については、一から勉強する必要があったし、編集部の雰囲気も、話題もすっかり異なった。何しろ相手にする人が、少女漫画家から大学の先生になったのである。少女漫画家もそれなりに難しかったが、大学の先生となると、また大変である。相手は我が国におけるその道の大家、専門家ばかりである。よほど心していかなければならないと覚悟した。

学術局に異動して間もなく京都へ出張することになった。目的はなんとあのノーベル賞受賞者の湯川秀樹博士にお目にかかり原稿を受け取ることであった。湯川先生とは都ホテルでお会いしたが、その時は緊張で何を話したかは覚えていない。ただ湯川先生と話が出来る、いま私の目の前におられるというだけで感激であった。

湯川先生のほかにも、後年、中国文学の吉川幸次郎先生や経済学の大塚久雄先生、独文学の竹山道雄先生など、日本を代表する著名な学界の最高峰の先生方とお会いする機会に恵まれたことは、一生の忘れられない思い出となった。

学術局で仕事が始まり、私が初めて学術文庫で担当することになったのは、京大の上田正昭先生の『古代文化の探究』という本だった。当時古代史はブームで先生は大変忙しくされていたので、その中を京都のお宅に出かけ、緊張しながらなんとか打ち合わせを済ませた。編集作業を終えて本が刊行になったときはさすがにほっとした。私にとって『古代文化の探究』は、まさに私の学術編集者としてのデビュー作となった忘れられない本である。

文庫となると、雑誌と同じように毎月数冊を定期的に刊行しなければならない。そのために編集者は、次にどんな企画をたてるかをいつも走りながら考えていなければならない。それも学術文庫と呼ぶ以上、学術書としての確かな内容とレベルを兼ね備え、しかも一定の売り上げが見込めるものでなければならない。出版社の本であれば、当然ながらこれらは避けては通れないのだ。正直これは苦労であった。

そのために編集会議にはいつも各自10本ぐらいプランを持ち寄り、皆で厳しい検討を重ねた。編集会議では、私たちは企画の独創性を重視し、著者の経歴や作品の内容、出版する意義とその評価、売れ行き見込など色々の面から検討した。当然ながらなかなかこうした条件を満たす企画は少なく、始めのうち私の企画案もボツになることが多く、編集会議を通す企画を考えるのは大変だった。

また、企画がいくら優れていても、版権がクリア出来なければアウトである。

企画が決定すれば、それぞれの担当者が先生方にお願いに伺うことになる。

こちらの意向を著者の先生にお話し、出版のお許しを頂くのは大変である。なんせ先生方はそれぞれの学問分野の第一人者である。学術の編集者と言ってもこちらは素人、内容の奥深いところまでは理解できないことも多い。そこで私たちは出来るだけ事前にその先生の著書や論文に目を通し、それなりの準備をして臨むようにした。

それはあたかも大学のゼミでテーマについて発表して、先生の評価を待つような気分である。著者の先生からすぐにイエスの答えを頂けることは少なく、断られることも多かった。当時は講談社学術文庫は発足したばかりで、まだ公に広く認知されていないこともその原因の一つだったかもしれない。

企画が決定し著者と打ち合わせを重ね編集段階まで進むと、ゲラのやり取りやカバーデザインの相談など著者の先生と接する機会も多くなり、本が出版された後はお互いの距離が近くなって、著者から思いがけない話が聞けたり、貴重なアドバイスを頂いたりすることもあった。

そしてまた、後には実際に大学や大学院の授業やゼミ等を傍聴させて頂き、現代の学問と研究の第一戦の流れを知り、学ぶことで、企画の参考にさせていただいたことも多々あった。

ただ、この企画なら著者の名もよく知られているし、内容も優れているからきっと読者にも受けるはずだと思って自信満々で刊行したものが、予想に反して売れ行きがさっぱりということもあった。またそれに反し、それほど期待していなかったものが意外に読者に支持されることもあり、「出版はまさに水もの」ということを実感することも多かった。

それでも学術的に充分読む価値があり、その本を出すことで学術文庫のイメージも高まると思われるものは、数字があまり見込めなくてもあえて刊行した。読者もよく分かっていて、「こんな珍しい貴重な本をよく出してくれましたね」と評価してくれた。幸いなことにそんな時も、決していいとは言わなかったけれども、会社も大きな目で見ていてくれた。ありがたかった。それだけ会社としてもこれからの学術部門に期待していたのだろう。

ただ、当時、学術局は担当部長制であったため、時には他の大型企画に駆り出されたりして、思いもかけぬ経験を味わうこともあった。私も学術文庫の仕事をしながら開業医向けの「医科学大事典」の編集にも参加することになり、執筆依頼のためある医学部の先生を訪ねた時、その先生から「講談社は私のところに君のような平の編集者を寄越すのか、○○社は社長が直接来てお願いするのに」と、えらい剣幕で怒られたこともある。きっとプライドの高い先生だったのだろう。

また別の先生には、事典の文章のスタイルを全体で統一するために編集で原稿の「て、に、を、は」を直したところ、原稿に勝手に手を入れたと激怒されたこともあった。その先生にとっては、自分の文章は最高で、1字でも人に直されたことなんて今まで経験したこともない、とんでもない出来事だったのだろう。

もちろん、全部の先生がそうだと言うわけではないが、それでも、偉すぎる先生がいたことは確かである。

ただ、「医科学大事典」の編集主幹であった日本医師会会長の武見太郎先生のもとに伺ったことがあったが、武見先生は決してそのようなことはなかった。極めて丁寧に接して下さった。

ところで社内的に見ても、学術部門は小説や一般書を対象とする他の出版部に比べると、売り上げに相当のハンディがあるのは事実だった。何といっても出版部数が圧倒的に違う。人気作家の小説となると、1冊で何十万部になるものもあるが、学術書では対象読者が限られるため、多くてもせいぜい数千部である。少ないのは何百部しかないのもある。それは学術書の宿命でもある。文庫を入れても万を超す部数のものは数えるほどしかないし、売り上げに大きな差が出てくるのは当然のことだった。

でも数は少なくても出版する学術書の一冊一冊は、一般書と異なる別の意味があるのだ。私たちは、そこに学術書出版の意義と価値を置いて仕事を進めた。読者から、「いい本ですね」

「こんな本を待っていました」などという感想や激励の手紙や電話を頂いたりすると、「本当にやっててよかった、また頑張ろう」という気になったものだ。少部数にもかかわらず着実に頑張っておられる学術専門の出版社を見ると、よくやっておられるなと、今も敬意を表したく思う。

いつもそのような複雑な気持ちを抱えてはいたが、学術書の編集経験を積むにつれ、自分としてはこれまでの既成の形に捉われない、自由で新しい学術出版が出来ないかと考えていた。それも学術書の世界を決して専門家だけの特別なものでなく、広く一般人にも開放する、それでいて内容も優れた学術書群を、「学術の森」を作りたいと思っていた。

その試みの一つが単行本による書き下ろしの「講談社フィロソフィア」シリーズの立ち上げである。そこに自分の夢を託した。

幸いなことに、まさに「学術の巨人」ともいえる先生方の協力を得て１９９５年「講談社フィロソフィア」の刊行に着手することが出来た。前にも触れたが、その第１作となったのが木田元先生の『反哲学史』である。この本は高い評価を得て、読書界で評判となり広く読まれた。続く第２作の佐伯啓思先生の『現代日本のリベラリズム』は１９９７年の読売論壇賞を、第３作の佐々木毅先生の『プラトン』も１９９８年の読売論壇賞を２年連続して受賞するという成果を挙げた。その後鎌田茂雄先生の『仏教伝来』や沢田允茂先生の『哲学の風景』、池上喜彦先生の『日本語論への招待』などを刊行し着実に「学術の森」の基礎が形作られつつあった。

ただ残念なことにその途中で、私は学術局から他部署へ異動することになったので、「学術の森」構想は道半ばで中止せざるをえなかった。

でも私にとって、長年学術文庫の編集者として、そして学術書の編集者として「学術の森」を夢見ることが出来たのは、何よりも幸いなことであったと思っている。

◉解説

講談社学術文庫の編集者　池永陽一さん

平川祐弘

池永陽一さんは九州人だが、温厚で礼儀正しい。これは編集者に欠くべからざる資質で、人様から原稿を頂戴するのだから、おだやかでなければ講談社出版部長の要職は勤まらない。

池永さんは静かだが学問がある。これが大切で学術文庫に何を入れるべきか、という選択を左右する。しっかりした知識があるから良し悪しの判断が的確で、池永編集長の時期の講談社学術文庫は書店の目立つ棚を占めた。

池永さんは君子人でおとなしいが巨視的な識見がある。世の多くの編集者の通弊は、書物を読むより書物に読まれてしまうことで、勇ましいことを言う割には実がない。戦後七十年、左を向いて流行を追いかけるのがはやりだった。ジャーナリズムでは反体制を口先で唱えるのが主流で、それこそが出版界のおざなりな体制なのだという自己認識に欠けていた。

そんな近視眼的な日本の新聞界や出版界の常識が世間とずれていたから『朝日新聞』は非常識な自虐主張を正義と勘違いした。挙句に世論の誤誘導をやらかして謝罪に追い込まれた。実は大出版社でも似たような反日思想を「錦の赤旗」と思い込んでいた。

昔、岩波書店に吉野源三郎という正義面した切れ者の編集者がいたが、講談社の池永さんはその正反対である。バランスがとれて柔和だから、野間自由幼稚園の先生にも園児にも愛される。池永さんは園長さんも兼務できる編集者である。過激なところがおよそない。視野の狭い活字社会では、真面目人間であればあるほど観念の色眼鏡でものを見る度合いが強くなり、それが正義と思いこむ。池永さんは不真面目人間では全くないのだが、どうしたわけかイデオロギー的自家中毒の気配がない。どうしてそうなのかその秘密が知りたいが、今回の書物にはご自分の青春は語られていない。そこが惜しい。

本書は池永さんの編集日記とでもいうべきものである。左にも右にもぶれない。エール大で教えた朝河貫一が日露戦争後の母国の針路に警鐘を鳴らした『日本の禍機』がまず話題となる。世界の中の日本を見ることの大切さはクローデル『朝日の中の黒い鳥』を世に出したことにも示される。フランスの駐日大使であった詩人クローデルは神道や天皇の意味を説いた。外国人の手になる最高の日本論の一つで読んで心を打たれる。しかも訳がいい。編集部での初めての打合せのとき訳者の内藤高さんが「私は熊本出身で、高校は済々黌」というので、池永さんは驚いた。同じ済々黌で内藤さんの父君から日本史を習ったという。

内藤さんは『明治の音』（中公新書）という西洋人が聴いた三味線、蝉、下駄の音がどう心に響いたかを分析した名著を遺して亡くなったが、内藤さんも池永さんも熊本の五高で教えた小泉八雲に深い関心を示した。その熊本時代のラフカディオ・ハーンを調べた丸山学の『小泉八雲新考』を学術文庫に入れた時の池永編集長の得意で嬉しそうな顔が目に浮ぶ。

ちなみに八雲の名作「停車場にて」に登場する巡査が幕末期に近藤勇をつけ狙った肥後の剣客井上平太の晩年の姿であることをつきとめたのは井上智重熊本近代文学館長で氏の『異風者伝』（熊日出版）に出ている。これは丸山の研究の先を行っている。

池永さんの回想はそんなわけで熊本関係者が多い。宮本武蔵も横井小楠も徳富蘇峰も石光真清も森勝衛も堀内豊秋も出て来る。かくいう私は大東亜戦争のイデオローグである蘇峰に対して批判的だが、昭和二十年六月五日、八十二歳の徳富蘇峰が疎開先の富士山麓で「熊本城攻守篇を稿し始む。著者は、肥後の産、事は我が郷里に関す、当時年齢十五の一少年は、両軍の勝敗に心をうごかした」と書いているのを池永さんの紹介で読むと、やはり歴史的感慨に打たれる。昭和二十年の夏、年齢十四の私は、日本の敗北に心をうごかしたからである。その戦争をどう見るか。池永さんは公正な人である。冨士信夫海軍少佐の『私の見た東京裁判』上下も『パル判決書』上下も学術文庫から出して、日本の出版人としてきちんと義務を果たしている。

その池永さんは年をとっても日本至上主義にはならない。インターナショナリストである。余暇に外国語を習って旅に出る。韓国の出版社社長もドイツの知人友人ともつきあう。その一人のアサ・ブテナウさんが私がホーフマンスタールを習ったブテナウ講師の娘さんだったりするから世界は狭い。察するに池永さんは金裕鴻先生に『ハングル入門』の執筆を依頼しただけでなく自分も韓国語を習ったのだ。どうもその辺が普通の人ではない。金素雲『三韓むかしがたり』を読み返すとなつかしい。解説を書いた小堀桂一郎氏も開かれた態度で外国の人に接していたと思うと今昔の感に堪えない。

かくいう私は新渡戸稲造の解説を頼まれて池永さんと知り合った。ただ新渡戸の『西洋の事情と思想』は大した本とは思わないのではっきりとそう書いた。そんな私の率直さを良しとして池永さんは若いころの平川の代表作数冊をふくむ十三冊の著書訳書を学術文庫から出してくれた。いま八十三歳の私はその恩義に感じてこの解説を書いている。

福武書店から出した八巻本の『竹山道雄著作集』にはいりきれなかった竹山道雄氏の文章を

講談社学術文庫に収めてくれたのも池永編集長だ。有難いことである。

この本は池永さんの編集日記だといったが、学術編集者としての業務というよりは広い意味での人間修行の記録でもあり、客観的には学術名著解題の好個の随筆集ともなっている。

ただ池永さんにも欠点がある。職業柄、著者・解説者たちの良い面のみを語るのがそれで、池永さんが接した人たちを「学術の森の巨人たち」とほめるが、どうして「虚人」もまじっている。その一人が私で、平川の学術文庫本の過半はもはや手に入らない。となるといささか虚しい。しかし愚考するに、たとえ編集長が替り、学術文庫で絶版になろうとも、学問の真の巨人の著書はまたいつか世に出るだろう。そのころになればまた新しく若い編集者があらわれるに相違ない。知己を第二、第三の池永陽一に待つ次第だが、本書が一般読者のみならず、そんな将来の編集者の目にもふれることを切に祈る次第だ。


（東京大学名誉教授）

あとがき

本書は私の学術編集者としての経験をもとに、主に先生方との出会いを中心に、講談社の学術書が、とくに学術文庫の一冊一冊がどのようにして生まれてきたかを記したもので、編集者として私が出版企画をどのように考え、そのために著者とどう接触し、どのような話をし、どのような点に力点を置いて出版に到ったかを語ったものである。

もちろん学術書は、出版物のジャンルや編集者によって、全く異なった作り方があるのは言うまでもない。本書は、あくまでも私個人の編集経験を語ったものに過ぎないが、本書によって読者は、多少なりとも学術書がどのようにして出版されるのかの一端を知ることが出来るだろう。

編集者は本来、他人の本を編集することはあっても、自分で文章を書き、自分の本を出版するということはほとんどない。図らずもこの度、立場を変えて編集者から書き手として、本書『学術の森の巨人たち』を出版するということになった。私としても、拙い文章ながらもこのような記録を残しておくことは、将来何らかの形で学術書出版の歴史を語る証言の一つにもなるのではないかと思う。

今回本書を成すにあたり、学術編集者として過ごした日々を振り返ると、じつにいろいろなことが懐かしく思い出されてきた。そして編集者として数多くの得難い経験や出会いがあったことをあらためて幸せに思ったのである。

最後になりましたが、本書のためにご多忙の中を過分の解説をご執筆いただいた平川祐弘先生に心から御礼申し上げます。本当にありがとうございました。

またコラム「ある日　あの人」の新聞連載にあたり担当して下さった熊本日日新聞社の松下純一郎（現取締役）さん、本書の出版をお薦めいただいた熊本近代文学館館長井上智重さん、デザイナーの内田直家さん、編集の労をお取りいただいた熊日出版の今坂功さん、沼田富士彦さん、宇田倫隆さんに大変お世話になりました。厚く御礼申し上げます。

２０１５年８月

池永陽一

池永 陽一（いけなが よういち）
1942年熊本市生まれ。熊本県立済々黌高等学校、東京大学卒業。講談社入社後、少女フレンド編集部、講談社学術文庫出版部長等を経て野間教育研究所所長、野間自由幼稚園園長を歴任。少林寺流空手道5段師範。

学術の森の巨人たち—私の編集日記

2015年8月8日　第1刷発行

著　　者　池永陽一
発　　行　熊本日日新聞社
製作・発売　熊日出版
（熊日サービス開発株式会社出版部）
〒860-0823　熊本市中央区世安町172
TEL 096(361)3274　FAX 096(361)3249
http://www.kumanichi-jb.co.jp/books/
装　　丁　ウチダデザインオフィス
印　　刷　シモダ印刷株式会社

定価はカバーに表示してあります。

落丁本、乱丁本はお取り替えいたします。

ISBN 978-4-87755-516-0　C0095